18,-

WB 9400-X

FRANK BROMMER
ODYSSEUS

FRANK BROMMER

ODYSSEUS

DIE TATEN UND LEIDEN DES HELDEN
IN ANTIKER KUNST UND LITERATUR

1983

WISSENSCHAFTLICHE BUCHGESELLSCHAFT
DARMSTADT

CIP-Kurztitelaufnahme der Deutschen Bibliothek

Brommer, Frank:
Odysseus: d. Taten u. Leiden d. Helden in
antiker Kunst u. Literatur / Frank Brommer. –
Darmstadt: Wissenschaftliche Buchgesellschaft, 1983.
ISBN 3-534-09400-X

1 2 3 4 5

Bestellnummer 9400-X

© 1983 by Wissenschaftliche Buchgesellschaft, Darmstadt
Satz: Maschinensetzerei Janß, Pfungstadt
Druck und Einband: Wissenschaftliche Buchgesellschaft, Darmstadt
Printed in Germany
Schrift: Linotype Garamond, 9/11

ISBN 3-534-09400-X

INHALT

Vorwort	IX
Homers Schilderung	1
Odysseus vor dem Trojanischen Krieg	1
Eigenschaften und Aussehen	2
Odysseus beim Kampf um Troja nach der Ilias	3
Weitere Episoden des Kampfes von Odysseus um Troja	6
Der epische Kyklos	7
Kyprien	7
Aithiopis	7
Kleine Ilias	7
Iliupersis	8
Nostoi	8
Telegonie	8
Hesiod. Bakchylides. Pindar	10
Odysseus in der Tragödie	11
Aischylos	11
Sophokles	11
Euripides	12
Andere Tragiker	13
Komödie	15
Odysseuszyklen in der Kunst	16
Der Name Odysseus	18
Die Ereignisse bis zur Einnahme von Troja	19
Wahnsinn	19
Odysseus bei Achill auf Skyros	19
Opferung der Iphigenie	22
Rückforderung der Helena	24
Chryseis	25
Losen zum Zweikampf gegen Hektor	25
Gesandtschaft zu Achill	26

Dolon 29
Rhesos 33
Odysseus als Bettler in Troja 34
Streit des Odysseus mit Aias um die Waffen Achills 35
Odysseus und Neoptolemos 39
Raub des Palladion 40
Leichenspiele für Patroklos 48
Abholung des Philoktet auf Lemnos 49
Das Trojanische Pferd 51

Die Ereignisse nach der Einnahme von Troja 56
  Kikonen 56
  Lotosesser 57
  Kyklopen. Polyphem 57
    Becher-Reichung 58
    Blendung 61
    Flucht 65
    Verhöhnung 68
  Aiolos 69
  Lästrygonen 69
  Kirke 70
  Unterwelt 80
  Zweiter Besuch bei Kirke 83
  Sirenen 83
  Plankten. Charybdis. Skylla 88
  Rinder des Helios 91
  Schiffbruch 92
  Zweites Passieren von Skylla und Charybdis 92
  Kalypso 92
  Ankunft auf der Phäakeninsel 95
  Nausikaa 95
  Phäaken 97

Heimkehr 98
  Ankunft 98
  Eumaios 99
  Hund Argos 99
  Eurykleia 100
  Penelope 102
  Freiermord 104
  Penelope und die Freier 108
  Laertes 108
  Ereignisse nach dem Freiermord 109
  Ende des Odysseus 109

Typologie des Odysseus 110

Odysseus in der antiken Malerei 112

Odysseus in der antiken Skulptur 115

Nicht dargestellte Taten 117

Darstellungen von nicht überlieferten Taten 118

Aufkommen der einzelnen Sagen in der Bildkunst 120

Odysseus und Diomedes 123

Antikes Nachleben des Odysseus 124

Register 125

Abbildungsverzeichnis 129

Tafelverzeichnis 131

Tafeln 133

VORWORT

Die Taten und Erlebnisse des Odysseus zu Land und zu Wasser werden von Homer in der ›Odyssee‹, aber auch in der ›Ilias‹ erzählt. Die ›Odyssee‹ berichtet von den Ereignissen nach der Einnahme von Troja und läßt gelegentlich frühere Geschehnisse anklingen. Von keinem griechischen Helden außer Herakles werden so viele Dinge berichtet wie von Odysseus. Nicht weniger als fünfundvierzig Bildthemen sind hier zu behandeln. Dank Homer und den späteren Dichtungen war Odysseus einer der bekanntesten griechischen Helden. Aber mit etwa 250 griechischen Vasen, die ihn darstellen, hat er die Nationalhelden Herakles und Theseus bei weitem nicht erreicht. Bei Herakles gibt es allein vom Löwenkampf mehr als 860 Vasen und bei Theseus allein vom Minotauroskampf 400. Die Bilder von Odysseus verteilen sich gleichmäßiger über die verschiedenen Taten, wenn es auch von manchen gar keine Darstellungen gibt und vom Polyphemabenteuer die meisten, und zwar zu allen Zeiten.

Alle späteren Darstellungen hängen direkt oder indirekt von den homerischen Epen ab. Damit ist die Überlieferungsgeschichte für diesen Helden anders als für alle nichthomerischen. Die literarische Fassung steht am Anfang, sie ist einheitlich, und wir kennen sie, müssen sie nicht erst mühsam aus Fragmenten rekonstruieren.

Natürlich hat man zu der homerischen Fassung später in Epen, Dramen und anderen Dichtungen noch andere hinzuerfunden, aber letzten Endes geht alles auf Homer zurück, der das Leben und die Person dieses Helden uns so deutlich und ergreifend vor Augen gestellt hat. Mehr als 2700 Jahre haben die Schicksale dieses von Athene geliebten Menschen die Menschheit gepackt und bewegt.

Aus der Bildkunst gibt es Denkmäler von Odysseus seit mindestens dem 7., vielleicht sogar schon aus dem 8. Jh. v. Chr. Sie reichen von da an in ununterbrochener Folge bis in die Kaiserzeit und werden noch in nachantiker Zeit fortgesetzt bis in unsere Tage. Ein Vergleich von Homer mit bildender Kunst wäre ungerecht, denn in seinen Dichtungen sind uns Werke erhalten, die seit eh und je die Menschen in ihren Bann geschlagen haben. Er hat ein klares Bild von Odysseus, er zeichnet seinen Charakter und gibt Beispiele von seiner List, seinem Mut, seiner Verschlagenheit und Klugheit. Er hat ein ganz festes Bild von dieser Persönlichkeit. Das Äußere hingegen schwankt. Odysseus ist ländlicher Fürst, gerüsteter Krieger, zerlumpter Bettler, geschickter Unterhändler, starker Ringer, einzigartiger Bogenschütze und armer Schiffbrüchiger. Taf. 8, 13, 14a, 15, 19 Abb. 28

Hingegen gehören die Bildwerke mit homerischen Themen nur entweder der Kleinkunst an, oder es handelt sich um Kopien. Kein großes originales Werk ist uns erhalten, das in seiner Art dem Homer kongenial wäre, wie manche Statuen und Gemälde, die Odysseus in der Klassik darstellten, es vielleicht waren.

Aber die Bilder zeigen uns, wie man sich von Homers Zeit an die Vorgänge vorgestellt hat, sie geben uns Kenntnis von anderen, nachhomerischen Versionen und lassen uns den Einfluß der großen Malerei, der Bühne und anderer Dichtung erkennen.

Die bildlichen Denkmäler mit Odysseus sind in zwei Büchern des Verfassers zusammengestellt worden: ›Vasenlisten zur griechischen Heldensage‹ (^{3}1973), im folgenden VL³, und ›Denkmälerlisten zur griechischen Heldensage‹ III (1976), im folgenden DL.

Die Motti über einzelnen Kapiteln sind der ›Anthologia Graeca‹ in der Tusculum-Ausgabe von H. Beckby entnommen.

Für Fotos und die Erlaubnis, sie abzubilden, hat der Verfasser zu danken: J. Ch. Balty, H. Cahn, G. Daltrop, D. Haynes, W. D. Heilmeyer, R. Noll, A. Pasquier, A. Pilko, A. D. Trendall, G. Ufer sowie den Fotoabteilungen der Deutschen Archäologischen Institute in Athen, Madrid und Rom, ferner den Museumsdirektionen in Baltimore, Boston, München, Oxford, Stockholm, Tübingen, den Agora excavations und der Ecole française in Athen.

HOMERS SCHILDERUNG

Odysseus vor dem Trojanischen Krieg

Über die Abstammung des Odysseus erfahren wir durch Homer, daß er der einzige Sohn – neben einer Schwester Ktimene (Od. 15,363) – von Laertes und Antikleia war. Sein Vater war einziger Sohn des Arkeisios (Od. 16,118), seine Mutter war Tochter des Autolykos (Od. 11,85) und der Amphithea (Od. 19,416). Die Gemahlin des Odysseus war Penelope, wie ihre Schwester Iphthime (Od. 4,797), Tochter des Ikarios (Od. I 329). Einziger Sohn des Odysseus war Telemach. Sein Stammbaum sah also folgendermaßen aus:

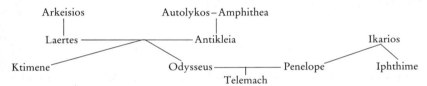

Spätere Autoren haben diese Genealogie noch mehr ausgemalt. Über das Leben des Odysseus vor dem Trojanischen Krieg erfahren wir von Homer nicht viel. Seinen Namen hat ihm sein Großvater Autolykos gegeben (Od. 19,409). Als Knabe erhielt er von seinem Vater Laertes zehn Apfelbäume und dreizehn Birnbäume (Od. 24,338–340). Noch jung war er von Laertes und den anderen Fürsten nach Messenien gesandt worden, um dreihundert Schafe und die Hirten wiederzuholen, die die Messenier geraubt hatten. Dabei erhielt er in Lakedaimon den Bogen des Iphitos (Od. 21,13–21), mit dem er später die Freier erschoß.

Als Jüngling hat er Autolykos, den Vater seiner Mutter Antikleia, besucht und ist mit dessen Söhnen im Parnaß auf die Jagd gegangen. Dabei fiel ihn ein Eber an und stieß ihm über dem Knie tief den Hauer ins Fleisch, bevor Odysseus ihn tötete. Die Söhne des Autolykos verbanden ihn (Od. 19,393–466). An der Narbe erkannte ihn später Eurykleia beim Fußwaschen (Od. 19,467; 23,74). Mit der Narbe gab er sich den Hirten (Od. 21,219) und schließlich seinem Vater zu erkennen (Od. 24,331).

Er selber errichtete das Schlafgemach um einen Baum herum, den er als Bettpfosten verwandte (Od. 23,189–201).

Athene erzählte dem Telemach, daß Odysseus nach Ephyra und zu den Taphiern fuhr, um Pfeilgift zu holen (Od. 1,259).

Schon bevor er nach Troja fuhr, hatte Laertes ihm die Königsherrschaft übergeben (Od. 2,46. 234; 4,689f.; 5,12).

Zum Feldzug nach Troja konnte Odysseus von Agamemnon nur mit Mühe überredet werden (Od. 24,119). Beim Abschied sagte er zu seiner Frau Penelope, sie solle sich vermählen, wenn Telemach bärtig sei, falls er bis dahin nicht zurückgekehrt sei (Od. 18,269). Er vertraute sein Haus dem Mentor an (Od. 2,226). In Phthia warb er mit Nestor zusammen im Auftrag von Agamemnon den Achill und Patroklos zur Teilnahme am Krieg (Il. 11,765 ff.). Die Schiffe sammelten sich in Aulis (Il. 2, 304). Odysseus kam mit zwölf Schiffen, die Mannschaften aus Ithaka, Kephallenia, Zakynthos, Same und dem Festland trugen (Il. 2, 631–637; Od. 9,159). Damit führte er eine der kleinsten griechischen Einheiten. Die größte Einheit, nämlich die von Agamemnon, umfaßte hundert Schiffe. Halitherses weissagte die Wiederkehr des Odysseus im zwanzigsten Jahr nach Verlust aller Gefährten (Od. 2,175).

Offenbar auf dem Weg nach Troja kam er auch nach Delos, wo er die Palme beim Altar des Apollon sah (Od. 6,161), und nach Lemnos (Il. 8,230f.). Auf Lesbos – es ist nicht klar, ob vor oder nach Troja – besiegte er den Philomeleides im Faustkampf (Od. 4,343; 17,134). Mit Menelaos war er vor dem Krieg in Troja, um Helena zurückzufordern (Il 3,205f.; 11,140).

EIGENSCHAFTEN UND AUSSEHEN

Als König war Odysseus mild wie sein Vater (Od. 2,47. 233; 5,12). Er tat oder sagte nie jemandem etwas Unbilliges (Od. 4,690f.), er war ein gütiger Herr (Od. 14,139). Er liebte es, Reichtümer zu sammeln, und verstand sich auf Gewinn (Od. 19,282). Agamemnon (Il. 4,339) nennt ihn: Meister in schlimmen Ränken, voller Gewinnsucht. Athena stand ihm in Freundschaft bei (Od. 3,221f.; 13,314; 20,27f.; Il. 10,245. 278. 553; 23,783).

Was am meisten an ihm gelobt wird, sind seine List und Klugheit, offenbar ein Erbteil von seinem Großvater Autolykos. Eines der am häufigsten für ihn gebrauchten Beiworte nennt ihn sehr klug. Zeus selbst sagt, Odysseus sei den Sterblichen an Verstand voraus (Od. 1,60). Seine Klugheit wird erwähnt (Od. 2,279). Keiner konnte sich mit ihm an Kühnheit messen, er siegte mit seinen Listen (Od. 3,120). Nestor sprach im Rat wie Odysseus (Od. 3,126). Beide haben im Rat gesiegt (Od. 11,612). Der Ruhm wegen seiner Listen dringt bis in den Himmel (Od. 9,19). Er hat alle Listen und Klugheit[1] gewebt (Od. 9,422). Er ist bei allen Menschen, zu denen er kommt, beliebt und geehrt (Od. 10,38). Er ist von allen Sterblichen der Beste im Rat und mit Reden (Od. 13, 297). Listig und verschlagen müßte der sein, der ihn an Listen übertreffen wolle, selbst wenn er ein Gott wäre (Od. 13,291). Athene nennt ihn verständig, scharfsinnig und klug (Od. 13,332). Telemach hat über ihn gehört, daß er ein Lanzenkämpfer sei und verständig im Rat (Od. 16,242). Kein anderer Sterblicher kommt ihm an Klugheit gleich (Od. 23,124). Er hat gute Ratschläge gegeben und erregte den Kampfeseifer (Il. 2,272). Er ist dem Zeus an Einsicht vergleichbar (Il. 2, 168. 407; 10,137). Helena bezeich-

---

[1] Nachhomerische Zeugnisse für seine Klugheit: Roscher, ML VI 24.

net ihn als jemand, der Listen weiß und kluge Gedanken hat (Il. 3,202). Immer war er verwegen (Il. 10,232). Sein Herz ist entschlossen und sein Mut ist mannhaft (Il. 10,244). An List und Mühsal ist er unersättlich (Il. 11,430). Odysseus bezeichnet den Achill als stärker und besser mit der Lanze, sich selbst aber als überragend an Einsicht (Il. 19,215). Trotzdem werden viele Beispiele für seine Leistungen im Speerwurf erwähnt (Od. 10,161f.; 19,452f.; 22,266. 283. 292; Il. 4,496ff.; 6,30). Besonders im 11. Buch der Ilias wird er oft 'speerberühmt' genannt (Il. 11,321. 335. 396. 401. 421. 424. 426. 447. 661; Il. 16,26).

Wegen seiner Klugheit und Listen wurde er öfter als Gesandter und Vermittler entsandt, so um Achill (Il. 7, 127; 11, 765–784) und Neoptolemos (Od. 11,506–537) zur Teilnahme am Trojanischen Krieg zu gewinnen, ferner nach Troja, um die Herausgabe der Helena zu verlangen (Il. 3,205–224; 11,138–142), bei der Rückführung der Chryseis (Il. 1,311) und zu Achill, um ihn zur Wiederaufnahme des Kampfes zu gewinnen (Il. 9,225–306).

Mehrfach erzählt er Lügengeschichten (Od. 9, 283ff. 365; 13, 255ff. 14,199–359. 468–502; 17, 418–444; 18, 138–140; 19, 171–202. 287–302; 24,266–279. 303–314).

Über sein Äußeres erfahren wir, daß er blonde Haare hatte (Od. 13,399. 431). Laodamas, der Sohn des Alkinoos, sagt von ihm (Od. 8,134ff.): An Wuchs ist er nicht schlecht, weder an Schenkeln noch an Schienbein, Armen noch Nacken, es fehlt ihm nicht an Stärke.

Beim Faustkampf mit Iros werden seine großen Schenkel, die Brust, die breiten Schultern und wuchtigen Arme erwähnt (Od. 18,67ff.). Priamos empfand den Odysseus als weniger groß als Agamemnon, aber breiter in Schulter und Brust (Il. 3,191). Antenor sagte, daß, als Odysseus mit Menelaos wegen Helena als Gesandte kamen und von ihm aufgenommen wurden, Menelaos größer gewesen sei, aber im Sitzen sei Odysseus würdevoller gewesen. Dieser habe als Redner seinen Stock unbeweglich festgehalten und auf die Erde geblickt, so daß er linkisch gewirkt habe. Hätte er aber seine Stimme erklingen lassen und die Worte wie Schneegestöber von sich gegeben, dann hätte kein anderer mit ihm wetteifern können (Il. 3,205–224).

Bei den Leichenspielen für Patroklos (Il. 23,788) siegte Odysseus im Wettlauf. Bei den Phäaken schleuderte er den Diskus weiter als alle anderen (Od. 8,198) und forderte sie zum Wettkampf im Boxen, Ringen und Laufen auf (Od. 8,205); er erklärte, nur Philoktet sei im Bogenschießen besser gewesen, als er (Od. 8,219). Auch den Speer würfe er so weit, wie keiner den Pfeil schießt. Tatsächlich spannte und gebrauchte er den Bogen des Iphitos, den keiner der Freier zu spannen vermochte (Od. 21,409–426), und tötete mit ihm mehrere Freier (Od. 22,15. 82).

ODYSSEUS BEIM KAMPF UM TROJA NACH DER ILIAS

Il. 1 Agamemnon hatte dem Apollopriester Chryses die Rückgabe seiner Tochter Chryseis verweigert. Darauf sandte Apollon den Griechen die Pest. Der Seher

Kalchas verkündete, daß man die Tochter zurückgeben müsse. Odysseus übernahm die Rückführung der Chryseis (311), kam in Chryse an (431) und übergab sie dem Chryses (442). Chryses betete zu Apoll, daß er das Sterben abwenden möge, und der Gott erhörte ihn. Agamemnon nahm daraufhin dem Achill die diesem zugefallene Briseis. Dieser nahm grollend am Kampf nicht mehr teil. Auf sein Flehen bat Thetis den Zeus, den Trojanern zu helfen.

Il. 2 Als im neunten Kriegsjahr (134) die Griechen nach Hause fahren wollten, da veranlaßte Athene den Odysseus, die Krieger von der Heimfahrt zurückzuhalten (173). Thersites forderte hingegen zur Heimfahrt auf (212). Odysseus beschimpfte und schlug ihn (265). Er erinnerte daran, daß Kalchas geweissagt habe (329), daß sie im zehnten Jahr Troja einnehmen würden und überredete die Griechen zum Weiterkämpfen. Agamemnon berief Nestor, Idomeneus, die beiden Aias und Odysseus (406) zum Opfer. Hinzu kam Menelaos. Auf Nestors Rat wurden die Krieger zum Kampf gerufen.

Il. 3 Hektor forderte die Griechen zum Zweikampf gegen Paris auf. Menelaos erklärte sich dazu bereit. Priamos ließ sich von Helena erst Agamemnon zeigen und dann Odysseus. Bei der Gelegenheit sagte Antenor, daß Odysseus mit Menelaos zusammen als Gesandte wegen Helena gekommen seien (205). Helena zeigte dem Priamos auch Aias und Idomeneus. Priamos fuhr in das Schlachtfeld zum Eid. Agamemnon und Odysseus erhoben sich von der anderen Seite (268). Hektor und Odysseus maßen den Kampfplatz aus (314). Beim Zweikampf rettete und entführte Aphrodite den Paris.

Il. 4 Athene überredete einen Troer, auf Menelaos mit dem Bogen zu schießen und so den Eid zu brechen. Unter den zum Kampf aufgestellten Griechen ermahnte Agamemnon auch den Odysseus (328, 349, 358). Nach dem Tod seines Gefährten Antiphon tötete Odysseus den Demokoon (494–504).

Il. 5 Die beiden Aias, Odysseus und Diomedes trieben die Griechen zum Kampf (519). Odysseus tötete die Lykier Koiranos, Chromios, Alastor, Halios, Alkandros, Prytanis und Noemon (677 ff.).

Il. 6 Odysseus tötete Pidytes aus Perkote (30).

Il. 7 Hektor forderte zum Zweikampf auf. Bereit dazu erklärten sich Agamemnon, Diomedes, die beiden Aias, Idomeneus, Meriones, Eurypylos und Odysseus (168). Aias wurde erlost, aber der Kampf wurde unentschieden abgebrochen. Es wurde Waffenruhe zur Bergung der Toten vereinbart. Auf Nestors Rat bauten die Griechen eine Mauer um die Schiffe.

Il. 8 Diomedes versuchte vergeblich, den Odysseus auf der Flucht aufzuhalten (92). Agamemnon ermahnte die Griechen, indem er sich zu dem Schiff des Odysseus, das in der Mitte lag (222, vgl. Il. 11,6), stellte.

Il. 9 Agamemnon erklärte sich zur Rückgabe der Briseis und zur Buße bereit. Nestor wählte Phoinix, Aias und Odysseus (169) für die Gesandtschaft aus, dazu die Herolde Odios und Eurybates. Odysseus brachte das Anliegen vor (225–306) und sicherte Sühnegaben zu. Achill lehnte die Geschenke ab und weigerte sich zu kämpfen, bis nicht Hektor zu den Schiffen gelangt sei. Unverrichteter Dinge kehrten Odysseus und Aias zurück, während Phoinix bei Achill blieb.

Il. 10 Nestor weckte Odysseus (137) und andere Helden und schlug vor, einen Erkundungsgang zu unternehmen, um die Absichten der Trojaner zu erfahren (204). Diomedes erklärte sich bereit, mit einem anderen zu gehen, und wählte unter den dazu Bereiten den Odysseus (243). Meriones gab dem Odysseus Bogen, Köcher, Schwert und Eberzahnhelm (260ff.). Auch Hektor forderte zu einem Erkundungsgang auf. Zu diesem meldete sich Dolon, der Sohn eines Herolds (319ff.). Dieser zog sich ein Wolfsfell an, setzte eine Marderkappe auf und machte sich mit einem Speer auf den Weg. Odysseus bemerkte ihn (339), verbarg sich mit Diomedes und ließ ihn vorbei. Dann verfolgten ihn beide und fingen ihn. Er bat um Gnade und versprach Bußgaben. Odysseus fragte ihn aus (383 ff.) und erfuhr, daß die trojanischen Bundesgenossen ohne Waffen schliefen, unter ihnen Rhesos mit neu angekommenen Thrakern. Darauf tötete ihn Diomedes. Die beiden Helden kamen zu den schlafenden Thrakern. Diomedes tötete zwölf von ihnen, dazu ihren König. Odysseus spannte die Pferde aus (498), und sie ritten davon. Unterwegs nahmen sie Dolons Rüstung auf und kamen zu den Schiffen. Odysseus legte die Beute des Dolon als Dankesopfer für Athene bereit (571).

Il. 11 Es wird nochmals erwähnt, daß Odysseus mit Menelaos als Gesandter nach Troja gekommen war (140). Nach der Verwundung des Agamemnon wären die Griechen geflohen, wenn nicht Odysseus sie mit Hilfe von Diomedes zum Halten gebracht hätte (312). Odysseus tötete Molion (322), Hippodamas und Hypeirochos (335), zog dem Diomedes den von Paris geschossenen Pfeil aus dem Fuß, tötete Deiopites, Thoon, Ennomos, Chersidamas und Charops (427), wurde von Sokos verwundet (435. Il. 14, 28), den er dann ebenfalls tötete (449). Menelaos und Aias befreiten ihn von den ihn umdrängenden Trojanern.

Il. 12 Um die Mauer des Schiffslagers wurde gekämpft. Hektor drang ein.

Il. 13 Der Kampf um die Schiffe ging weiter.

Il. 14 Als Agamemnon mutlos zur Flucht bereit war, sprach Odysseus erfolgreich dagegen (82). Diomedes, Odysseus und Agamemnon, alle drei verwundet (vgl. Il. 16, 25f.; 19, 48), ordneten die Truppen zum Kampfe (379). Aias verwundete den Hektor.

Il. 15 Apollon ermunterte Hektor zum Angriff und trieb die Griechen in die Flucht.

Il. 16 Als die Trojaner bereits in das erste Schiff Feuer warfen, ließ Achill den Patroklos auf dessen Bitten mit seiner Rüstung in den Kampf ziehen. Dieser trieb die Trojaner in die Flucht, doch wurde er mit Hilfe Apolls von Hektor getötet.

Il. 17 Hektor kämpfte in der Rüstung Achills. Menelaos sandte Antilochos zu Achill, um den Tod des Patroklos zu melden, dessen Leichnam die Griechen bargen.

Il. 18 Antilochos überbrachte die Nachricht. Thetis versprach dem Achill neue Rüstung, die Hephaistos auf ihre Bitten anfertigte.

Il. 19 Thetis übergab die Waffen. Die verwundeten Diomedes, Odysseus und Agamemnon kamen zur Ratsversammlung (48). Achill erklärte, daß er seinen Zorn beende. Odysseus riet, erst durch Speise und Trank sich zu stärken (154ff., 216ff.), er wog das Goldgeschenk des Agamemnon für Achill ab (247). Die beiden

Atriden, Odysseus, Nestor, Idomeneus und Phoinix blieben bei Achill, um ihn zu trösten (310). Achill lenkte die Pferde zum Kampf.

Il. 20 Aineias, der mit Achill kämpfte, wurde von Poseidon rettend entführt. Achill tötete verschiedene Trojaner, aber Hektor wurde vor ihm durch Apoll gerettet.

Il. 21 Achill tötete viele Trojaner. Die Überlebenden flüchteten sich in die Stadt.

Il. 22 Achill verfolgte und tötete Hektor, band ihn an seinen Wagen und schleifte ihn.

Il. 23 Patroklos wurde mit seinen Beigaben verbrannt. Danach veranstaltete Achill Wettkämpfe und setzte für die Sieger Preise aus. Es fanden Pferderennen und Faustkampf statt. Zum Ringkampf, der unentschieden ausging, traten Odysseus und Aias an (709). Im Wettlauf siegte Odysseus (788). Es folgten Zweikampf, Diskuswurf und Taubenschießen.

Il. 24 Auf Aufforderung des Zeus riet Thetis ihrem Sohn, den Hektor herauszugeben. Iris veranlaßte Priamos, Hektor auszulösen. Dieser fuhr, von Hermes begleitet, zu Achill und löste seinen Sohn gegen reichliche Gaben. Hermes brachte ihn auch zurück. Am zehnten Tag wurde Hektor verbrannt und begraben.

Weitere Episoden des Kampfes von Odysseus um Troja

Auf mehrere Episoden des Kampfes um Troja, die in der Ilias nicht erwähnt werden, wird in der Odyssee angespielt.

Dazu gehört: Odysseus als Bettler in Troja (Od. 4,240–258). Der Streit zwischen Odysseus und Achill beim Mahle (Od. 8,75–82); der Anlaß und Ausgang des Streites wird nicht angegeben. Darstellungen sind nicht bekannt. Achills Tod (Od. 24,36–94). Die Abholung des Neoptolemos, des Sohnes von Achill, von Skyros (Od. 11,506–537). Der Streit zwischen Odysseus und Aias um die Waffen Achills (Od. 11,543–562). Das Trojanische Pferd.

Das Ende von Troja wird in der ›Ilias‹ öfter angekündigt, aber nicht geschildert (12,151; 15,71; 21,375; 24,727). Nur in der ›Odyssee‹ wird ausgesprochen, daß Troja gefallen sei. Nestor sagt es (Od. 3,130), Hermes (Od. 5,106f.) und Odysseus (Od. 11,532; 13,316. 388 vgl. Od. 8,495; 22,230).

Ebenso wird der Tod des Achill in der ›Ilias‹ oft vorhergesagt, aber nicht geschildert.

DER EPISCHE KYKLOS

Er enthielt Sagenstoff von der Weltschöpfung bis zum Tod des Odysseus, umfaßte also außer ›Ilias‹ und ›Odyssee‹ noch andere Epen. Kenntnis von ihm haben wir hauptsächlich durch die Inhaltsangaben des Proklos, eines Grammatikers des zweiten nachchristlichen Jahrhunderts, und durch einige erhaltene Bruchstücke. Es handelt sich um folgende Epen:

Kyprien

Zeus beriet mit Themis über den Trojanischen Krieg. Die Hochzeit von Peleus und Thetis führte zum Streit der Göttinnen, der durch das Urteil des Paris entschieden wurde. Dieser entführte Helena. Bei der Werbung für den trojanischen Feldzug stellte sich Odysseus, um ihn zu vermeiden, wahnsinnig, wurde aber von Palamedes entlarvt. Nach dem Treffen der Griechen in Aulis fuhren sie nach Teuthranien. Dabei verwundete Achill den Telephos. Achill fuhr nach Skyros, heiratete die Deidameia und heilte den Telephos. Beim zweiten Treffen in Aulis wurde Iphigenie geopfert und entrückt. In Tenedos wurde Philoktet von einer Schlange gebissen und auf Lemnos zurückgelassen. Bei der Landung in Ilion wurde Protesilaos von Hektor getötet und dann Kyknos von Achill. Eine Gesandtschaft nach Troja wegen der Herausgabe der Helena hatte keinen Erfolg. Achill tötete Troilos und erhielt aus der Beute Briseis, Agamemnon erhielt Chryseis. Patroklos verkaufte den Lykaon nach Lemnos. Palamedes wurde von Diomedes und Odysseus getötet.

Aithiopis

Achill tötete die Amazone Penthesilea, die den Troern zu Hilfe kam, und den Thersites. In Lesbos wurde Achill durch Odysseus von dem Mord gereinigt. Antilochos wurde von Memnon getötet, dieser von Achill. Um seinen Leichnam entspann sich ein heftiger Kampf. Aias brachte ihn zu den Schiffen, während Odysseus die Troer abwehrte. Zur Aufbahrung des Achill kam Thetis mit ihren Schwestern und den Musen, um ihren Sohn zu beklagen. Sie entführte ihn auf die Insel Leuke. Zwischen Aias und Odysseus entspann sich der Streit um die Waffen Achills.

Kleine Ilias

Odysseus erhielt nach dem Willen Athenes die Waffen Achills. Aias beging daraufhin Selbstmord. Odysseus fing den Seher Helenos, der weissagte, wie Troja eingenommen werden würde. Diomedes holte den Philoktet von Lemnos. Dieser wurde von Machaon geheilt und tötete Paris. Helena wurde von Deiphobos geheiratet. Odysseus holte Neoptolemos von Skyros und gab ihm die Waffen seines Vaters. Dieser tötete den Eurypylos. Epeios fertigte nach Athenes Anweisung das hölzerne Pferd. Odysseus schlich sich als Bettler in die Stadt, wurde von Helena erkannt und tötete einige Trojaner. Danach raubte er mit Diomedes das Palladion aus Troja. Die besten Griechen bestiegen das hölzerne Pferd. Die übrigen verbrannten das Lager und fuhren nach Tenedos. Die Troer zogen das Pferd in die Stadt, wobei sie einen Teil der Mauer zerstörten, und glaubten gesiegt zu haben. Odysseus erkannte den verwundeten Helikaon und rettete ihn lebend aus der Schlacht.

ILIUPERSIS

Unter den Troern, die überlegten, was mit dem hölzernen Pferd zu tun sei, siegte die Meinung, es der Athene zu weihen. Zwei Schlangen töteten die beiden Söhne des Laokoon. Die Familie des Aineas wanderte zum Ida aus. Sinon gab den Griechen das Feuerzeichen. Diese kamen aus Tenedos zurück und nahmen mit denen aus dem Pferd die Stadt. Neoptolemos tötete Priamos, Menelaos tötete den Deiphobos und brachte Helena zu den Schiffen. Aias mißhandelte Kassandra und floh zum Altar der Athene. Polyxena wurde auf dem Grab des Achill geschlachtet. Odysseus tötete den Astyanax. Neoptolemos führte die Andromache weg und Demophon und Akamas die Aithra. Danach fuhren die Griechen ab.

NOSTOI

Die Geschichte von den Heimfahrten: Wegen der Abfahrt entstand ein Streit zwischen Menelaos und Agamemnon. Diomedes und Nestor kamen glücklich heim. Menelaos kam mit fünf Schiffen nach Ägypten, die übrigen verlor er. Von den zu Fuß Zurückkehrenden wurde Teiresias in Kolophon beerdigt. Neoptolemos traf Odysseus in Maroneia, er begrub den Phoinix, kam zu den Molossern und Peleus. Agamemnon wurde von Aegisth und Klytaimnestra getötet, von Orest und Pylades gerächt, Menelaos kam nach Hause.

TELEGONIE

Die Freier wurden bestattet. Odysseus fuhr nach Elis, kehrte nach Ithaka zurück und opferte, wie von Teiresias belehrt. Er kam zu den Thesproten und heiratete deren Königin Kallidike und führte mit Athenes Hilfe Krieg gegen die Bryger. Nach dem Tod der Kallidike erbte ihr und Odysseus' Sohn das Reich, Odysseus kehrte nach Ithaka zurück. Telegonos, Sohn des Odysseus und der Kirke, tötete unwissentlich seinen Vater und nahm Telemach und Penelope zu seiner Mutter mit, die diese unsterblich machte. Er heiratete die Penelope und Telemach die Kirke.

Über die homerischen Epen hinaus erfahren wir durch die ›Kyprien‹ über Odysseus, daß er sich wahnsinnig stellte, als er am Trojanischen Krieg teilnehmen sollte, aber von Palamedes entlarvt wurde, sowie daß Odysseus und Diomedes den Palamedes, der bei Homer nicht vorkommt, töteten. Die ›Aithiopis‹ berichtet, daß Achill durch Odysseus auf Lesbos gereinigt wurde. Ob er bei dieser Gelegenheit oder einer anderen den Philomeides beim Faustkampf besiegte (Od. 4,343; 17,134), wissen wir nicht. Odysseus wehrte die Troer ab, während Aias den Leichnam des Achill in Sicherheit brachte. Die ›Kleine Ilias‹ schildert, daß Odysseus nach dem Willen Athenes die Waffen Achills erhielt und sie später dem Neoptolemos gab. Odysseus fing den Seher Helenos und raubte mit Diomedes das Palladion. Aus der ›Iliupersis‹ erfahren wir, daß Odysseus den Astyanax tötete. Die ›Nostoi‹ erzählen, daß Neoptolemos den Odysseus in Maroneia traf. Die ›Telegonie‹ bildet eine Fortsetzung der ›Odyssee‹. In ihr nimmt das Schicksal des Helden einen anderen Lauf, als es ihm von Teiresias geweissagt worden war.

HESIOD. BAKCHYLIDES. PINDAR

Hesiod: Nach der ›Theogonie‹ (v. 1011 ff.) gebar Kirke dem Odysseus den Agrios, Latinos und Telegonos. Kalypso gebar ihm den Nausithoos und Nausinoos. Nach dem gleichen Dichter (fr. 198) gehörte auch Odysseus zu den Freiern um Helena, brachte aber keine Geschenke, da er wußte, er würde gegen Menelaos unterliegen.

Bakchylides behandelte im 15. Dithyrambos die Gesandtschaft von Odysseus und Menelaos nach Troja wegen der Forderung nach Helena.

Pindar beschrieb in der 7. und 8. nemeischen Ode den Streit zwischen Aias und Odysseus.

Stesichoros schrieb eine Iliupersis.[1]

---

[1] Dazu Ph. Brize, Die Geryoneis des Stesichoros (1980) 20 ff.

ODYSSEUS IN DER TRAGÖDIE

Aischylos

Von Aischylos ist als Dramentitel ›Penelope‹ überliefert, aber erhalten ist von dem Drama nur eine Zeile. Immerhin ergibt sich, daß es eine Odysseustrilogie gegeben haben muß. Zu ihr gehörte wohl das Drama ›Ostologoi‹ (Knochensammler), in dem jemand, sicher einer der Freier, einen Nachttopf nach Odysseus geworfen und ihn damit getroffen hat. In den ›Psychagogoi‹ wird, wohl von einem Seher, vorausgesagt, daß Odysseus von einer Gräte getroffen werden wird. Das bezieht sich auf seinen Tod, wie er in der ›Telegonie‹ geschildert wurde. Außerdem hat Aischylos ein Satyrspiel ›Kirke‹ geschrieben, das sicher zu dieser Trilogie gehörte. In einem weiteren Drama ὅπλων κρίσις wurde der aus der ›Kleinen Ilias‹ stammende Stoff des Streites zwischen Aias und Odysseus um die Waffen des Achill behandelt. Zur selben Trilogie gehörten ›Thrakerinnen‹ und ›Salaminierinnen‹. Zweifellos kam Odysseus auch im ›Philoktetes‹ vor, ebenso in der ›Lösung des Hektor oder die Phryger‹, im ›Palamedes‹, ›Memnon‹, in der ›Iphigenie‹ und der ›Psychostasie‹. Im ›Agamemnon‹ (v. 841) wird, wie in den ›Kyprien‹, erwähnt, daß Odysseus nicht freiwillig am Trojanischen Krieg teilnahm.

Odysseus kam also in etwa jedem vierten der neunzig Dramen des Aischylos vor, von denen wir wissen.

Sophokles

Im ›Aias‹ haben die Atriden (v. 444) die Waffen des Achill dem Odysseus zuerkannt. Rasend tötete Aias das Vieh in der Meinung, es mit Odysseus und den Atriden zu tun zu haben. Zur Besinnung gekommen, stürzte er sich in sein von Hektor empfangenes Schwert und starb. Sein Bruder Teukros wollte ihn begraben, wurde aber von den Atriden daran gehindert. Erst auf den Zuspruch des Odysseus hin ließen sie Teukros die Bestattung vollenden.

Im ›Philoktet‹ sind Odysseus und Neoptolemos nach Lemnos gekommen, um dem Philoktet den Bogen des Herakles abzunehmen, mit dem allein Troja nach dem Seherspruch des Helenos genommen werden kann. Neoptolemos gab vor, auf dem Rückweg von Troja zu sein, weil ihm Odysseus die Waffen seines Vaters verweigert habe. Er versprach dem Philoktet, ihn nach Hause zu bringen. Neoptolemos brachte es aber nicht über das Herz zu lügen und sagte dem Philoktet, daß er mit nach Troja müsse. Odysseus griff ein, aber Neoptolemos ließ sich nicht zurückhalten und gab dem Philoktet den Bogen wieder. Vergeblich suchte er ihn zu überreden, mit nach Troja zu kommen. Da erschien Herakles und gebot dem Philoktet, nach Troja zu fahren, wo er Heilung finden werde.

Nach Aristoteles[1] hat Sophokles aus ›Ilias‹ und ›Odyssee‹ den Stoff für je eine oder zwei Tragödien entnommen, aus den ›Kyprien‹ viele und aus der ›Kleinen Ilias‹: ›Waffenstreit‹, ›Philoktet‹, ›Neoptolemos‹, ›Eurypylos‹, ›Bettlergang‹, ›Lakainai‹, ›Iliupersis‹, ›Abfahrt‹, ›Sinon‹ und ›Troerinnen‹.

Das Iliasthema dürften die ›Phryger‹ sein, die Odysseethemen ›Nausikaa‹ und ›Phäaken‹. In den ›Lakainai‹ kam der Raub des Palladion durch Odysseus und Diomedes vor. In einem unbekannten Drama des Sophokles berichtete Odysseus:[2] Ich kam zu den Sirenen, den Töchtern des Phorkys, die die Weisen des Hades singen.

Auf die ›Kyprien‹ beziehen sich wohl: ›Eris‹, ›Krisis‹ (Parisurteil), ›Helenas Hochzeit‹, ›Alexandros‹, ›Liebhaber des Achill‹, ›Rasender Odysseus‹, ›Syndeipnoi‹ (Mahl auf Tenedos), ›Hirten‹ (Landung in Troja), ›Antenoriden‹, ›Helenes apaitesis‹, ›Troilos‹, ›Palamedes‹, ›Nauplios katapleon‹, ›Nauplios pyrkaeus‹. Die ›Skyrioi‹ behandelten die Abholung des Neoptolemos von Skyros. In der ›Iphigenie‹ ist Odysseus zu Klytaemnestra geschickt worden, um Iphigenie nach Aulis zu holen.

Weitere homerische Themen des Sophokles sind: ›Aias‹, ›Memnon‹, ›Philoktet in Troja‹, ›Laokoon‹, ›Gefangene Troerinnen‹, ›Aithiopier‹ (Memnon), ›Priamos‹, ›Polyxena‹, ›Andromache‹.

Von den Schicksalen der heimgekehrten Helden handeln: ›Teukros‹, ›Eurysakes‹, ›Niptra‹, ›Odysseus akanthoplex‹, ›Peleus‹, ›Chryses‹ und ›Euryalos‹.

Auch bei Sophokles spielte also Odysseus eine große Rolle.

Euripides

In folgenden erhaltenen euripideischen Dramen ist Odysseus aufgetreten: ›Kyklops‹, ›Hekabe‹ und ›Rhesos‹.

Im Satyrspiel ›Kyklops‹ sind die Satyroi im Dienste des Kyklopen in Sizilien, als Odysseus dort eintrifft. Er tauscht Marons Wein gegen Lebensmittel. Da kommt der Kyklop hinzu und mordet zwei Gefährten des Odysseus und verspeist sie. Odysseus macht ihn trunken, versichert sich der Hilfe des Satyrchores, der aber im entscheidenden Augenblick versagt. So blendet Odysseus das Ungetüm mit Hilfe seiner Gefährten und entfernt sich mit diesem und dem Chor.

In der ›Hekabe‹ kommt Odysseus zu Hekabe, um Polyxena als Opfer für Achill zu fordern. Hekabe erinnert Odysseus an seinen Bettlergang nach Troja. Sie habe durch Helena über ihn erfahren und ihn gerettet. Das entspricht nicht nur nicht dem Text Homers, sondern der Held wird auch ganz anders gezeichnet, wenn er undankbar handelt. Odysseus erwidert, daß das Opfer zur Ehre Achills nötig sei. Polyxena wird getötet. Der von Fürst Polymestor erschlagene Polydoros wird angebracht. Hekabe bittet Agamemnon um Rache. Sie schickt eine Dienerin, um

---

[1] Poetik 23 p 1459 B 6.
[2] N ²fr. 777.

Polymestor zu holen. Sie tötet dessen Söhne und blendet ihn. Er sagt dem Agamemnon den Tod voraus, dieser befiehlt, ihn auf einer Insel auszusetzen.

Im ›Rhesos‹ erklärt sich Dolon bereit, als Kundschafter auszugehen und fordert als Preis die Rosse Achills. Er will Wolfsfell und Wolfskopf als Kappe anlegen und kündigt an, daß er das Haupt des erschlagenen Odysseus und Diomedes mitbringen werde (v. 219). Rhesos trifft ein und verkündigt, daß er in einem Tag die Griechen schlagen wird. Hektor hält Aias, Diomedes und Odysseus (v. 494) für am gefährlichsten nach Achill. Er erwähnt, daß Odysseus das Palladion gestohlen und sich als Bettler in Troja eingeschlichen hat. Diomedes und Odysseus kommen an. Sie wissen bereits durch Dolon, den sie offenbar gefangen haben, Bescheid. Athene erscheint und rät, Rhesos zu töten. Sie lenkt Paris ab. Der Wagenlenker meldet den Tod des Rhesos. Hektor vermutet sofort Odysseus als Schuldigen (v. 860). Die Muse, Mutter des Rhesos, erscheint und verkündet, daß sie für seine Beerdigung sorgen wird.

In folgenden erhaltenen euripideischen Dramen ist Odysseus nicht selber aufgetreten, wird aber in der Handlung erwähnt: ›Troerinnen‹, ›Iphigenie in Tauris‹, ›Helena‹, ›Orestes‹, ›Iphigenie in Aulis‹.

In den ›Troerinnen‹ (v. 277) wird Hekabe dem Odysseus zugeteilt. Kassandra weissagt seine Schicksale (v. 435 ff.). Auf Grund der Rede des Odysseus (v. 721) wird Astyanax von der Mauer gestürzt.

In der ›Iphigenie in Tauris‹ ist es das Geschick des Odysseus, durch das Iphigenie der Mutter entführt wurde (v. 24). Odysseus ist noch nicht nach Hause gekommen (v. 534).

In der ›Helena‹ wird erwähnt, daß Aias Selbstmord beging, weil ein anderer die Rüstung erhielt (v. 102).

Im ›Orestes‹ (v. 558) heißt es, daß Telemach nicht die Gattin des Odysseus gemordet hat, wie Orest seine Mutter. V. 1404 wird Pylades mit dem listigen Odysseus verglichen.

In der ›Iphigenie in Aulis‹ hat Agamemnon die Iphigenie unter dem Vorwand, sie solle Achill heiraten, nach Aulis kommen lassen. Davon wissen nur Menelaos, Kalchas und Odysseus (v. 107). Der Chor zählt Odysseus unter den versammelten Helden auf (v. 204). Agamemnon fürchtet ihn (v. 525). Er ist derjenige, der das Opfer Iphigenies will (v. 1361).

In den ›Skyrioi‹ war das Thema die Entdeckung des Achill unter den Töchtern des Lykomedes.

Von folgenden euripideischen Dramen kennen wir nicht viel mehr als die Titel und einige Bruchstücke: ›Palamedes‹, ›Philoktetes‹, ›Protesilaos‹, ›Telephos‹, ›Autolykos‹. Vermutlich kam in all diesen Stücken Odysseus vor.

ANDERE TRAGIKER

Von den übrigen Tragikern kennen wir nur Dramentitel und einige Bruchstücke. Das schon bei den drei großen Tragikern vorkommende Philoktet-Thema ist auch von Achaios, Antiphon, Theodektes und einem Unbekannten [1] behandelt worden. Odysseus kam vermutlich vor bei Ion im ›Laertes‹ und den ›Wächtern‹, bei Achaios im ›Aithon‹, bei Astydamas im ›Hektor‹, bei Chairemon im ›Achilleus Thersitoktonos‹ und im ›Odysseus‹, bei Dionysios in ›Hektors Lösung‹, bei Karkinos im ›Aias‹ und ›Achilleus‹, bei Theodektes im ›Aias‹ und der ›Helene‹, bei Mimnermos im ›Neoptolemos‹. Außerdem ist ein Titel ›Odysseus, der falsche Bote‹ überliefert.[2]

In Anbetracht der Tatsache, daß uns nur weniges zufällig überliefert ist, kann man schließen, daß die Rolle des Odysseus in der antiken Tragödie groß gewesen sein muß.

[1] N² 841 fr. 10.
[2] N² 839.

KOMÖDIE

In der mehr den Zeitereignissen zugewandten Komödie spielte Odysseus natürlich nicht eine so große Rolle wie in der Tragödie. Trotzdem ist er auch da nicht selten. Für Epicharm ist eine Odysseus-Komödie überliefert. Aristophanes spielt in den ›Vögeln‹ (v. 1561) auf den Besuch des Odysseus in der Unterwelt an und in den ›Wespen‹ (v. 181) auf sein Entkommen aus der Höhle des Polyphem und (v. 351) auf seine Unternehmung als Bettler. Im ›Plutos‹ (v. 290 ff.) werden die Abenteuer bei Kyklopen und Kirke erwähnt.

Der Dramentitel ›Odysseus‹ ist bekannt für Theopompos, Kratinos, Alexandrides, Eubulos, Amphis, Anaxandrides und zweimal bei Alexis. ›Kyklops‹ begegnet als Titel bei Kallias, Diokles, Antiphanes. Das Thema kam auch im ›Odysseus‹ des Kratinos vor. ›Nausikaa‹ war ein Titel bei Philyllios und Eubulos. ›Helene‹ ist als Titel für Alexandrides, Alexandros, Philyllios und dreimal für Alexis belegt. ›Kirke‹ war ein Titel bei Ephippos und Anaxilas, die ›Sirenen‹ bei Theopompos und Nikophron, ›Myrmidonen‹ bei Strattis und Philemon. Der schon in der Tragödie so beliebte ›Philoktet‹ begegnet als Komödientitel bei Strattis und Antiphanes, ›Achilleus‹ bei Alexandrides und Philetairos, ›Aiolos‹ bei Eriphos und Antiphanes.

Außerdem sind als Komödientitel belegt ›Anchises‹ (Alexandrides), ›Menelaos‹ (Platon), ›Palamedes‹ (Philemon), ›Neoptolemos‹ (Theophilos), ›Penelope‹ (Theopompos), ›Protesilaos‹ (Alexandrides), ›Troilos‹ (Strattis). Auch kam Odysseus in den ›Cheirones‹ des Kratinos vor. Sopatros hat eine ›Nekyia‹ geschrieben, in der Odysseus vorkam. In einem Komikerfragment (Kock III adespota 641) wird das Zauberkraut Moly erwähnt, das Hermes dem Odysseus zum Schutz vor Kirke gab.

Durch ein Vasenbild ist der ›Raub des Palladion‹ und durch ein anderes ›Die Ergreifung des Dolon‹ als Thema von Phlyakenpossen belegt, von denen wir literarisch nichts wissen.

ODYSSEUSZYKLEN IN DER KUNST

Obwohl schon Homer einen reichen Zyklus von Taten des Odysseus erzählt, hat die bildende Kunst doch erst spät zu einem Odysseuszyklus gefunden. Die Taten des Theseus sind seit dem Ende des 6. Jh. v. Chr. zyklisch dargestellt worden, die des Herakles seit dem Hellenismus, die des Achill seit der Spätantike.[1] Ein Abb. 41 Odysseuszyklus ist in der griechischen Vasenmalerei noch nicht zu beobachten,[2] wohl aber gibt es hellenistische Reliefschalen mit vier Seeabenteuern des Odysseus.[3] Pausanias (I 22,6) berichtet, daß sich in der Pinakothek in den Propyläen folgende polygnotische Gemälde befunden hätten: Odysseus und Diomedes beim Raub des Palladion und des Bogens von Philoktet, dazu Achill auf Skyros und Nausikaa. Aber von diesen vier Themen ist das mit Achill nicht homerisch, außerdem waren noch Orest den Aegisth tötend und Polyxenas Opferung dargestellt, also Themen, die nichts mit Odysseus zu tun haben. Schließlich ist es auch nicht sicher, ob diese sechs Themen schon in der Zeit des Polygnot in dieser Form zusammengestellt worden sind.

Von dem Maler Theodoros ist überliefert,[4] daß er einen 'bellum Iliacum pluribus tabulis' malte. Er wird in die Zeit um 300 v. Chr. datiert.

Erhaltene Odysseuszyklen lassen sich erst in der Kaiserzeit nachweisen, und zwar in den „tabulae Iliacae" und „tabulae Odysseacae", kleinen Marmortafeln, denen in flachem Relief Bilder eingegraben sind, die Vorgänge der ›Ilias‹ und ›Odyssee‹ in der Reihenfolge der Dichtungen illustrieren. Neunzehn solcher Tafeln sind bekannt,[5] die zum großen Teil der augusteischen Periode, aber auch früherer und späterer Zeit angehören. Dazu kommen Gemälde, wie die im Vatikan Taf. 24, und Thermenmuseum befindlichen Fresken vom Esquilin, in denen die Abenteuer 25, 29 bei Lästrygonen, Kirke, in der Unterwelt und bei den Sirenen erhalten sind. Offenbar handelt es sich um einen reinen Odysseezyklus.[6] Aus dem Haus des Octavius Quartio stammt ein Zyklus von drei Gemälden mit der Gesandtschaft zu

---

[1] Brommer, Theseus 65. – Brommer, Herakles 53. – B. Kemp-Lindemann, Darstellungen des Achilleus 232.

[2] Zu erwähnen wären höchstens Vasen, auf denen mehr als zwei Odysseusabenteuer dargestellt sind. Es handelt sich um: Wien 3695 Schale. ARV² 429,16. A, Waffenstreit. B, Abstimmung. I, Odysseus und Neoptolemos. – London E 69 Schale. ARV² 369,2. A, Waffenstreit. B, Abstimmung. I, Odysseus? – Athen, Akr. 293. Schale. ARV² 369, 5 I, A, B Kirke.

[3] Pagenstecher, Die calenische Reliefkeramik (8. Erg.Heft JdI) Nr. 126.

[4] Plin. n. h. 35, 144 = SQ 1946.

[5] A. Sadurska, Les tables iliaques (1964).

[6] Brommer, RM 91, 1974, 320ff. im Gegensatz zu B. Andreae, RM 69, 1972, 100ff.

Achill.[7] Petronius[8] erwähnt im Haus des Trimalchio Gemälde von ›Ilias‹ und ›Odyssee‹.
Auch großplastische Zyklen hat es gegeben, wie die Skulpturen von Sperlonga Taf. 17, 18 zeigen,[9] unter denen der Raub des Palladion sowie die Abenteuer mit Polyphem und Skylla erhalten sind.
Die bekannten Odysseuszyklen kommen also im Hellenismus auf, gehören aber überwiegend der frühen Kaiserzeit an.[10]

[7] Spinazzola, Pompei alla luce II Abb. 997.
[8] Petronius, Satyr. 29, 9.
[9] AntPl XIV. – Zu den Skulpturen von Castelgandolfo und Villa Adriana: B. Andreae, Odysseus Abb. S. 218 und S. 221 ff.
[10] Die Silberschale von Avenches stellt nicht Szenen aus der Odyssee dar, wie bei Kérenyi-Rácz, Antikes Erbe zu Taf. 170 behauptet wird. H. Bögli verdanke ich die Kenntnis des Aufsatzes von K. Rubi, Bull. de l'assoc. pro Aventico 20, 1969, 37 ff., in dem der Sachverhalt richtig dargestellt wird.

DER NAME ODYSSEUS

Autolykos gab seinem Enkel den Namen Odysseus, weil er vielen Männern und Frauen zum Zorn gereichend (odyssamenos) gekommen sei (Od. 14,407). Ähnlich wird der Name bei Sophokles[1] erklärt. Auf insgesamt dreiunddreißig bemalten griechischen Vasen[2] des späten 7. bis 4. Jh. v. Chr. kommen nicht weniger als zwölf verschiedene Schreibweisen des Namens vor. Dabei gibt es zwei Hauptgruppen. Die eine schreibt den Namen mit Delta, die andere mit Lambda. Aus den Vasen ergibt sich eindeutig, daß die Form mit Lambda, aus der auch die lateinische Namensform Ulixes entstand, die ältere ist. Sie reicht auf den Vaseninschriften bis in das spätere 7. Jh. v. Chr. zurück, während die erste mit Delta geschriebene Namensform erst um 540 v. Chr. belegt ist, in Attika sogar erst um 480 v. Chr. Um 440 v. Chr. stirbt die Namensform mit Lambda in den Vaseninschriften aus.

Auf die Schreibweise mit Delta gehen alle fünf bekannten etruskischen Formen des Namens zurück. Sie sind aber nicht vor dem 4. Jh. v. Chr. nachweisbar. Der Schreibweise mit Lambda ist es zu verdanken, wenn die Stadt Lissabon mit einem L beginnend geschrieben wird, denn das antike Olisipone hat seinen Namen von seinem angeblichen Gründer Ulixes.[3]

---

[1] N² fr. 88.

[2] Brommer, Ztschr. f. vergl. Sprachforschung 96, 1982/3, 88–92; dazu Hydria im Louvre E 869 Antk 12, 1969, 26 Taf. 19, 2. 3.

[3] Martianus Capella 629. – Solinus 23, 6.

DIE EREIGNISSE BIS ZUR EINNAHME VON TROJA

Wahnsinn

Nach der ›Odyssee‹[1] kamen Agamemnon und Menelaos zu Odysseus, um ihn zur Teilnahme am Trojanischen Krieg aufzufordern. Sie überredeten ihn nur mit Mühe dazu. Mehr steht in der Odyssee nicht. Ob der geheuchelte Wahnsinn, mit dem sich Odysseus der Aufforderung zu entziehen sucht, hier schon vorausgesetzt wird oder erst in den ›Kyprien‹ aufgebracht wurde, läßt sich nicht sagen. Der Wahnsinn, der auch in einem Drama des Sophokles vorkam, war das Thema eines Gemäldes des Parrhasios, über das wir sonst nichts Näheres erfahren.[2] Der Maler lebte im späten 5. Jh. v. Chr. Etwa ein halbes Jahrhundert später hat Euphranor das gleiche Thema gestaltet,[3] und zwar in einem Gemälde zu Ephesos. Odysseus hat dort ein Rind und ein Pferd zusammengespannt, dabei waren denkende Männer in Mänteln, ihr Führer das Schwert in die Scheide steckend. Schließlich erfahren wir durch Lukian[4] von einem Gemälde mit Odysseus, der nicht mit den Atriden in den Krieg ziehen wollte und daher Wahnsinn heuchelte. Dabei sind die Gesandten und ein nicht zusammenpassendes Gespann. Palamedes packt den Telemach und droht, ihn zu töten, woraufhin Odysseus vernünftig wird. Ähnlich schildert auch Hygin (Fab. 95) den Vorgang. Es ist nicht klar, ob Lukian eins der beiden ersten Gemälde beschreibt oder ob es sich um ein drittes handelt.

Erhalten ist jedenfalls kein Nachklang der Gemälde, auch nicht in der Vasenmalerei. Auch sonst ist keine sichere erhaltene Darstellung des Themas bekannt.

Odysseus bei Achill auf Skyros

Liebende hab ich gesehen. Vor maßloser, brennender Sehnsucht
hielten einander sie sich Lippen auf Lippen gedrückt,
wurden nicht satt vor wilder Begier und hätten sich gerne
eins in des anderen Herz, wenn es nur ginge gepreßt.
Dann, um ein weniges doch die unsäglichen Qualen zu lindern,
tauschten das weiche Gewand untereinander sie aus.
Sieh, da glich er so ganz dem Helden Achilleus, wie dieser
sich dereinst im Palast des Lykomedes gezeigt ...
Anth. Gr. V 255   Paulos Silentiarios

---

[1] 24, 115–119.
[2] Plut. de audiend. poet. 3.
[3] Plin. n. h. 35, 129.
[4] De domo 30. Bei SQ 1797 zu Euphranor gerechnet.

In der ›Ilias‹ (11, 765–784) kamen Nestor und Odysseus nach Phthia, um Achill für den Trojanischen Krieg zu werben. Peleus trug seinem Sohn Achill auf, immer der Beste zu sein. Menoitios forderte seinen Sohn Patroklos auf, den Achill zu beraten. Beide Helden wollten gern am Feldzug teilnehmen. Auch an anderen Stellen der ›Ilias‹ (1, 57; 9, 252 ff., 438) wird darauf angespielt, daß Achill dem Agamemnon zu Gefallen folgte. Von einer List des Odysseus, von einem Aufenthalt auf Skyros ist an allen Stellen nicht die Rede.

Das Drama ›Skyrioi‹ des Sophokles hat die Abholung des Neoptolemos, nicht die des Achill, zum Thema gehabt. So ist das gleichnamige Drama des Euripides wohl der erste literarische Beleg für den Aufenthalt des Achill unter den Lykomedestöchtern.

Der früheste bildliche Beleg ist jedoch ein halbes Jahrhundert älter. Polygnot hat das Thema in einem Gemälde gestaltet. Die kurze Notiz bei Pausanias (I, 22, 6) erwähnt den Odysseus allerdings nicht in diesem Zusammenhang. Apollodor (III 13, 8) erzählt folgende Geschichte: Dem Achill war geweissagt worden, daß ohne ihn Troja nicht genommen werden könne. Thetis wußte, daß ihr Sohn dabei sterben würde und versteckte ihn deshalb als Mädchen verkleidet bei Lykomedes und seinen Töchtern. Odysseus wußte davon und fuhr nach Skyros. Dort legte er den Mädchen Geschenke vor, darunter Waffen. Dann ließ er die Kriegstrompete blasen, worauf Achill sofort zu den Waffen griff und sich damit verriet. So mußte er dem Odysseus nach Troja folgen. Spätere Schriftsteller wie Ovid, Hygin, Philostrat d. J. und Libanios erzählen dieselbe Version.

Das Thema ist in der griechischen Vasenmalerei nicht erhalten. Ein späterer Augenblick, nämlich der Abschied des Achill von seiner Braut Deidameia, ihren Schwestern und ihrem Vater, dem König Lykomedes, ist vielleicht auf einem Bostoner Volutenkrater,[1] der um 450 v. Chr. entstanden ist, dargestellt, aber Odysseus und Diomedes fehlen.

Eine von Servius (Aen. I 307) erwähnte Statue des Achill in Sigeion, die einen Ohrring trug, ist gewiß auf dieses Thema zu beziehen. Sie hat sicher nicht allein für sich gestanden, sondern zu einer Gruppe gehört, aber wir wissen sonst nichts von ihr.

Die frühesten Darstellungen, von denen wir Kunde haben, sind das bereits erwähnte, nur aus der antiken Literatur bekannte Gemälde des Polygnot in den Propyläen und das des Athenion, der im späten 4. und frühen 3. Jh. v. Chr. lebte. Er hat nach Plinius (n. h. 35, 134) gemalt: 'Achillem virginis habitu occultatum Ulixe deprendente'. Dazu kommt noch ein von Philostrat d. J. (392 f.) beschriebenes Gemälde.

Die Denkmäler, die sich am meisten erhalten haben, sind Sarkophage[2] mit siebenunddreißig Stück, sowie Gemälde und Mosaiken mit siebenundzwanzig Beispielen.

---

[1] Boston 33. 56. ARV² 600, 12 = Par 395, 12.

[2] Sarkophage: DL II 81 f. Nr. 1–27. Nr. 3 ist jetzt in Neapel, Mus. naz. 124325. Sichtermann-Koch Taf. 1; 2, 2; 3. – Zu streichen ist DL Nr. 11 = Robert II Nr. 42 vgl. Robert III 3

Eine erste Sarkophaggruppe,[3] die mehr als ein Drittel der Sarkophage umfaßt, zeigt Achill gewaltig nach links stürmend, wobei das rechte Bein aus dem weiblichen Gewand tritt. In der erhobenen Linken hält er den Schild, in der Rechten die Lanze.

Eine zweite Gruppe[4] stellt Achill spiegelbildlich zur ersten Gruppe dar. Links und rechts von ihm sind meist je eine Gruppe von einer sitzenden und zwei stehenden Frauen. Am linken Rand befinden sich Odysseus und noch ein stehender Mann.

In der dritten Gruppe[5] ist Achill ähnlich bewegt wie in der ersten, nur ist er fast unbekleidet.

Auch in der vierten Gruppe ist Achill fast unbekleidet,[6] aber spiegelbildlich zur Gruppe zwei bewegt.

Auf zwei Sarkophagen ertönt die Trompete, während Achill noch die Leier spielt.[7]

Der Abschied des Achill von Lykomedes ist auf drei Sarkophagen[8] dargestellt.

Die in der antiken Literatur erwähnten Gemälde kennen wir nicht, aber mindestens zwei griechische Gemälde des Themas sind in römischen Kopien bekannt. Eines von ihnen war Vorbild für zwei Gemälde und ein Mosaik in Pompeji.[9] Das am vollständigsten erhaltene Gemälde in Neapel zeigt in der Mitte des Hintergrundes Lykomedes, rings um ihn Krieger, davon einer ganz links beim Blasen der Trompete. Im Vordergrund steht Achill, der nach Schwert und Schild gegriffen

S. 549. Nr. 11 ist zu ersetzen durch Louvre 3570. Baratte, Mefra 86, 1974, 753 ff. fig. 1. – Dazu kommen: Nr. 28. Ostia. Robert, ASR III 3 S. 547. – 29. Genua, S. Fruttuoso. Robert III 3 S. 548. – 30. Salona. Gabelmann, Werkstattgruppen 34 Anm. 150. – 31. Tyr 607. Chébab, Sarcophages à reliefs Taf. 3. – 32. Tyr 328 Chébab a. O. 29–31. – 33. Bruchstück. Mefra 86, 1974, 808 fig. 26. – 34. Paris 3570 Koch-Sichtermann 128 Anm. 21. – 35. Split K-S 316 Anm. 19. – 36. Cambridge/Mass. 1949, 47. 151 K-S 383 Anm. 12. – 37. Jerusalem 41. 525 K-S 383 Anm. 16.

Der von Stern, Les mosaiques des maisons 19 Anm. 2 fig. 27 als verloren bezeichnete Sarkophag ist bei Robert III 3 S. 547 als in Alupka befindlich nach Foto abgebildet. Der zweite von Stern „nachgetragene" Sarkophag ist bereits DL Nr. 16 aufgeführt, der dritte schon bei Robert II Nr. 20. Seit Robert sind hinzugekommen: DL Nr. 2, 10, neue Nr. 11, 16, 30–37. Insgesamt sind es also 37 Sarkophage.

[3] DL Nr. 4, 9, 10, 15–17, 20, 24, 25, 27, 29, sicher auch das Bruchstück 19, ähnlich die neue Nr. 11.

[4] DL Nr. 2, 3, 7, 14, sicher auch die bruchstückhaft erhaltenen Sarkophage Nr. 5, 6.

[5] DL Nr. 12, 18, 22, 23. Die Gruppe vom rechten Ende mit Odysseus, Trompeter und Diomedes befindet sich auch auf dem Bruchstück in Ostia DL Nr. 28.

[6] DL Nr. 1, 13, 21.

[7] DL Nr. 13, 33, ähnlich 8.

[8] DL Nr. 6, 13, 18.

[9] Gemälde Neapel 9110 und 116085, Mosaik Pompeji VI 7, 23 = DL II 80 Nr. 1, 2 und S. 81 Nr. 4. Zu den dort aufgeführten Mosaiken kommen hinzu: 8. Sousse 10. 583. Stern a. O. Abb. 26. – 9. Palmyra Stern a. O. Abb. 25.

hat und von Diomedes und Odysseus gepackt wird. Rings fliehen die Töchter des Lykomedes.

In einem weiteren Gemälde hat Achill Schild und Lanze gepackt und eilt mit hoch erhobenem Schild in weitem Schritt nach links in einer Haltung, die der ersten Sarkophaggruppe sehr ähnlich ist. Ringsum sind die Töchter des Lykomedes in Panik, Odysseus eilt von rechts her auf Achill zu. Dieses Gemälde ist in einer Kopie im Hause des Holconius Rufus und in einer weiteren in Ephesos und in einem Mosaik in Palmyra erhalten.[10]

Der zweiten Sarkophaggruppe entspricht ein Gemälde in Palmyra und ein Mosaik in Sparta,[11] der dritten ein Gemälde in der Domus aurea und in Neapel,[12] der vierten ein Gemälde in Pompeji und Mosaike in Cherchel und aus Tipasa.[13] Doch bezieht sich die Ähnlichkeit zu den Sarkophagen jeweils allein auf die Gestalt des Achill, nicht auf die umgebenden Figuren. Da die Gemälde fast alle beträchtlich älter sind als die Sarkophage, ist deutlich, daß die Sarkophagkompositionen von Gemäldevorbildern angeregt sind.

Es läßt sich nicht sagen, ob eins der Gemälde – und wenn, welches – auf das Bild des Athenios zurückgeht. Das Bild des Polygnot, das in eine frühere Zeit gehört, ist gewiß nicht unter den Kopien erhalten. Das lange Nachleben dieser Typen zeigt sich in dem Silberteller von Augst und der Elfenbeinpyxis in Xanten aus dem 5. Jh., in denen noch der zweite Sarkophagtypus erhalten ist, ebenso wie das beim kapitolinischen Puteal der Fall ist, während in der Tensa Capitolina der erste Sarkophagtypus bewahrt ist[14] und in den Goldgläsern der vierte. Das Thema ist also erst verhältnismäßig spät, im 5. Jh. v. Chr., aufgekommen, hat sich aber dafür um so länger gehalten.

Opferung der Iphigenie

Da Agamemnon einen Hirsch erlegt hatte, zürnte Artemis. Der Seher Kalchas sagte, daß die Göttin nur durch das Opfer von Agamemnons Tochter Iphigenie besänftigt werden könne.

Bei Homer findet sich von dieser Sage keine Spur, ja, der Name der Iphigenie kommt nicht einmal bei ihm vor.

Hingegen wurde das Vorkommnis in den ›Kyprien‹ erzählt. Über die Rolle des Odysseus schweigt sich die antike Inhaltsangabe jedoch aus. Auch im ›Agamemnon‹ des Aischylos (v. 223) wird die Handlung vorausgesetzt, aber nichts über die

---

[10] Pedrosa de la Vega. Ile colloque intern. de la mosaique Greco-Rom. II (1975) Taf. 85 ff.
– 11. Antiochia II 111 Taf. 18 c. – 12. Kurion. JHS 73, 1953, 136 fig. 4. – 13. Jaén. Arch. esp. 45/7, 1972/4, 419. – P. de Palol, Los dos mosaicos 233 ff. Taf. 90–92.
[11] DL Nr. 12 S. 81 Nr. 7.
[12] DL Nr. 3, 13.
[13] DL Nr. 8, S. 81 Nr. 1, 2.
[14] DL 80 Nr. 1–3. – Xanten: Katalog Gallien (Mainz) Nr. 36. – Goldgläser Arch. class. 24, 1972 Taf. 22, 1. 2.

Rolle des Odysseus gesagt. In der Tragödie ›Iphigenie‹ des Sophokles[1] redet Odysseus mit Klytaimnestra über die Heirat der Iphigenie mit Achill. Bei Euripides[2] schreibt Agamemnon an seine Gemahlin einen Brief, daß sie die Tochter zur angeblichen Hochzeit mit Achill schicken möchte. Von allen Achaiern wissen davon nur Kalchas, Odysseus und Menelaos. In der ›Iphigenie auf Tauris‹ des gleichen Dichters (v. 24 ff.) führt Iphigenie ihre Entsendung nach Aulis auf die List des Odysseus zurück.

Nach Apollodor (epit. III 22) hat Agamemnon zu Klytaimnestra den Odysseus und Talthybios geschickt, um Iphigenie angeblich zur Hochzeit mit Achill zu holen. Artemis habe sie in dem Augenblick, in dem sie geopfert werden sollte, entführt und durch einen Hirsch ersetzt. Ähnlich berichten Hygin[3] und Ovid[4] sowie Myth. Vat.[5]

Die früheste literarische Kunde der Sage liefern also die ›Kyprien‹, und die früheste Nachricht über die Mitwirkung des Odysseus dabei bringt Sophokles.

In der bildenden Kunst findet sich die Sage am häufigsten auf etruskischen Urnen des 4. Jh. v. Chr. Brunn[6] hat schon 1870 nicht weniger als 32 etruskische Urnen mit der Opferung Iphigenies zusammengestellt. Auf 31 von ihnen hält Odysseus die Iphigenie über den Altar, in einem Fall tut dies Artemis.

Auf hellenistischen Reliefbechern[7] werden mehrfach Szenen aus der ›Iphigenie in Aulis‹ des Euripides wiedergegeben, doch Odysseus erscheint dabei nicht.

Im späten 5. Jh. v. Chr. hat Timanthes ein Gemälde von der Opferung Iphigenies geschaffen, das mehrfach in der antiken Literatur erwähnt wurde.[8] Trotzdem ist es uns nicht in einer antiken Gemäldekopie bekannt. Dargestellt waren Kalchas, Odysseus, Menelaos, Agamemnon mit verhülltem Haupt und Iphigenie rings um den Altar.

Die meisten Darstellungen der Opferung stellen Odysseus nicht dar. Nur auf einem Gemälde in Neapel[9] tragen wohl Odysseus und ein Gefährte die Iphigenie zu Kalchas, während Agamemnon sich mit verhülltem Haupt abwendet. Auf einem Mosaik in Barcelona[10] führt Odysseus die Iphigenie herbei. Oben erscheint, wie auf dem Gemälde in Neapel, Artemis mit der Hirschkuh.

Das früheste bildliche Zeugnis für die Gegenwart des Odysseus bei diesem Vorgang ist also mit dem Gemälde des Timanthes später als die literarischen Zeugnisse.

[1] N² fr. 284.
[2] Iph. Aul. 98 ff., vgl. 535.
[3] Fab. 98.
[4] Met. XIII 183 ff.
[5] I 20; II 202.
[6] I rilievi delle urne etrusche I.
[7] Sinn, Homerische Becher MB 52–57.
[8] Overbeck, SQ Nr. 1734–1739.
[9] HBr Taf. 15.
[10] DL III 182, 2. – Zu der Ara des Kleomenes: H. Froning, Marmor-Schmuckreliefs 134 Taf. 48/9.

Rückforderung der Helena

In der ›Ilias‹ (3, 203–224 und 11, 138–142) und später in den ›Kyprien‹ ist erwähnt, daß vor Beginn des Trojanischen Krieges Menelaos und Odysseus nach Troja als Gesandte kamen, um Helena zurückzufordern. Bei dieser Gelegenheit habe Antenor sie als Gäste aufgenommen. Das Scholion zu der Iliasstelle berichtet, daß nur Antenor allein die Griechen aufnahm, während die übrigen Trojaner sie mit Übermut behandelten.

Obwohl diese Episode in einem Dithyramb von Bakchylides und in mindestens einem Drama des Sophokles, sowie bei Quintus Smyrnaeus (13, 296) vorkam, ist sie doch in der bildenden Kunst überaus selten. Es gibt in der Tat nur eine einzige zweifelsfrei gedeutete Darstellung. Sie befindet sich auf dem von Beazley veröffentlichten und um 560 v. Chr. datierten spätkorinthischen Stangenkrater Taf. 1, 2a der Sammlung Astarita im Vatikan. Hier sitzen die namentlich bezeichneten Menelaos und Odysseus (Oliseus) sowie der Herold Talthybios auf einem Stufenbau. Ihnen nähert sich Theano, die Frau des Antenor, mit Frauen und Kriegern in ihrem Gefolge. Beazley erklärte die Abwesenheit des Antenor so, daß dieser sich sofort zu Priamos begeben habe und sie mit ihren Söhnen beauftragt habe, sich der Gesandten inzwischen anzunehmen. Gewiß nimmt Odysseus wegen seines Verhandlungsgeschicks an dem Unternehmen teil. Talthybios wird in diesem Zusammenhang von der antiken Literatur nicht erwähnt.

Ein fast zweihundert Jahre später entstandenes unteritalisches Vasenbild, ebenfalls im Vatikan, stellt einen Mann mit Pilos, vielleicht Odysseus, im Gespräch mit einem Greis, vielleicht Antenor, dar und in ihrer Nähe drei Frauen, von denen eine Helena sein mag. Man hat das Bild auf das sophokleische Drama zurückgeführt. Wenn die Deutung auch nicht sicher ist, so gibt es jedenfalls keine bessere.

In der attischen Vasenmalerei fehlt das Thema bisher völlig.

Abb. 1 Außerhalb der Vasenmalerei ist die Szene auf dem Dreifußbein in Olympia zu nennen, die früher als die Gesandtschaft zu Achill gedeutet wurde.[1] Man sieht drei Männer, die nach rechts gehen. Der vorderste mit Heroldstab blickt sich zu den beiden anderen um. Beide tragen je einen Speer über der Schulter. Der vordere hat einen Pilos auf dem Kopf. Die Deutung auf Menelaos und Odysseus mit Herold auf dem Weg zur Rückforderung „hätte für sich, daß die Zahl der Gesandten mit der literarischen Überlieferung übereinstimmt. Man braucht keine Kontamination durch den Künstler anzunehmen."[2] Allerdings darf man die Deutung auf Odysseus nicht wegen des Pilos für gesichert halten, denn diese Kopfbedeckung war um 620 v. Chr., als das Bild entstand, noch kein Attribut des Odysseus.[3] Wenn die Deutung zutrifft, dann handelt es sich um die früheste Darstellung des Themas. Nach dem 4. Jh. v. Chr. ist keine Darstellung bekannt.

---

[1] F. Willemsen, 7. Ol. Ber., 181 ff. Taf. 81. – Schefold, Sagenbilder 82 Abb. 28. – Friis Johansen, Iliad 51 ff. Abb. 8. – Hampe, Gymnasium 72, 1965, 83 f. Abb. 2–3.
[2] K. Fittschen, Untersuchungen zum Beginn der Sagendarstellungen 176.
[3] Hier S. 110 f.

Abb. 1   Olympia. Bronzerelief.

CHRYSEIS

Odysseus und Chryseis sind auf einer tabula Iliaca im Kapitol und auf einem Ilias-Codex in der Ambrosiana dargestellt. Ein rotfiguriges Schalenbild, das früher von Beazley auf dieses Thema bezogen wurde, ist nach M. Robertson anders zu deuten.

Von allem, was über Odysseus im 2., 3., 4., 5., 6. und 8. Buch der ›Ilias‹ berichtet wurde (Inhaltsangabe hier S. 4), haben wir mit Ausnahme der Rückforderung der Helena (hier S. 24) keine bildlichen Darstellungen.

LOSEN ZUM ZWEIKAMPF GEGEN HEKTOR

In Olympia stand nach Pausanias (V 25, 8) in der Nähe des großen Tempels eine Gruppe von neun mit Lanzen und Schilden bewaffneten Griechen, die sich beim Losen wegen des Zweikampfes gegen Hektor befanden. Das Standbild des Odysseus war von Nero nach Rom entführt worden. Gegenüber den Helden stand auf einer Basis für sich Nestor, der das Los eines jeden in den Helm geworfen hatte. Nur Agamemnon hatte seine Namensbeischrift. Idomeneus hatte als Schildzeichen einen Hahn und trug auf seinem Schild die Meisterinschrift des Onatas, des Sohnes von Mikon aus Aegina. Die Basis trug die Weihinschrift der Achaier für Zeus. Onatas lebte in der ersten Hälfte des 5. Jh. v. Chr. Von der Gruppe selbst hat sich nichts erhalten. Nur die halbkreisförmige Basis befindet sich noch vor der Ostfront des Zeustempels mit der Basis des Nestor ihr gegenüber.[1] Sie ist zeitlich vor dem Zeustempel angelegt worden. Kopien nach den Statuen sind zu erwarten, aber noch nicht erkannt worden.[2] Eine weitere Gestaltung des Themas ist, auch aus der Vasenmalerei, nicht bekannt. Die Zahl der losenden Helden entspricht der im 7. Buch der ›Ilias‹ angegebenen. Pausanias nennt das Material nicht, aber nach aller Wahrscheinlichkeit war es Erz.[3]

Gesandtschaft zu Achill

Merkst du sie jetzt, Agamemnon, die schmetternde Macht meines Grimms?
Merkst du, was Hektor vermag und seine Kraft in der Feldschlacht?
Alle kamen nun um ob deiner unseligen Schmähung;
groß ist dein Leid und schlimmer als Tod. Nun trägst du die bösen
Folgen der eigenen Torheit und unüberwindbaren Kummer,
der du „den Danaern all ein Bollwerk vor Ares" gewesen.
Anth. Gr. IX 457   Anonym

Im 9. Buch der ›Ilias‹ wird erzählt, wie auf den Vorschlag von Nestor die drei Helden Phoinix, Aias und Odysseus sowie die Herolde Odios und Eurybates als Gesandte zu Achill geschickt werden. Sie sollen den Grollenden versöhnen und von Agamemnon reiche Gaben und die Rückgabe der Briseis versprechen und ihn zur Wiederaufnahme des Kampfes gegen die Trojaner bewegen. Als sie zu Achill kamen, trafen sie ihn beim Leierspiel (Vers 158).

Das älteste Denkmal ist eine nichtattische Vase, nämlich eine Caeretaner Hydria, die im letzten Drittel des 6. Jh. v. Chr. entstanden ist. Dargestellt sind von links nach rechts ein Herold mit Kerykeion und Rest der Namensbeischrift des bei Homer genannten Odios, dann Aias in voller Rüstung mit Namensbeischrift, Phoinix (?), Odysseus (?). Die achte, fehlende Person war wahrscheinlich der Herold Eurybates. Die Gestalten sind nicht ganz erhalten, aber es ist deutlich, daß die Teilnehmer vor dem Aufbruch und der Verabschiedung durch Nestor stehen. Achill fehlt also.

Etwas später als diese Caeretaner Hydria setzen um 500 v. Chr. die attischen Bilder ein. Auf drei nicht sehr guten schwarzfigurigen Vasenbildern sitzt Achill mit verhülltem Kopf und vor ihm sitzt im Gespräch Odysseus. Einmal steht eine Frau dabei, ein anderes Mal zwei Gestalten. Auch sonst ist der Bildtypus nicht einheitlich: Einmal sitzt Achill links, die beiden anderen Male rechts.

Von den attisch-rotfigurigen Bildern gehört die überwiegende Menge der ar-

---

[1] Olympia, Ergebnisse II 145 ff. – F. Eckstein, Anathemata Nr. 3. – Mallwitz, Olympia 37.
[2] Zu dem Versuch von G. Hafner in Theoria 79 ff., einen der Statuenköpfe in Kopie wiederzuerkennen, mit Recht ablehnend Eckstein a. O. 112 Anm. 31.
[3] So auch Eckstein, a. O. 111 Anm. 23.

Abb. 2 Berlin. Aryballos.

chaischen Zeit an. Läßt man die Fragmente beiseite, die nur einen Teil der Szene wiedergeben, so bleiben etwa ein Dutzend Darstellungen übrig.

Es gibt eine Gruppe von attisch-rotfigurigen Vasen, auf denen Odysseus mit beiden Händen seine Knie umfassend mit dem Petasos im Nacken auf einem Klappstuhl vor dem in Trauer verhüllten Achill sitzt.[1] Diese sieben Vasen sind zwischen 500 und 460 v. Chr. entstanden und gehen zweifellos auf dasselbe Vorbild zurück. Das gilt auch für die schwarzfigurige Oinochoe im Cabinet des Médailles. Die Anordnung der Nebenfiguren ist allerdings verschieden. Phoinix ist auf den Berliner und Münchner Hydrien, dem Basler Stamnos und der Pariser Pelike durch seine weißen Haare gekennzeichnet. Auf dem Berliner Aryballos ist er zepterhaltend und schwarzhaarig mit Namensbeischrift versehen. So mag er auch in dem schwarzhaarigen Zepterträger des Pariser Kelchkraters erkannt werden. Darüber hinaus ist Aias auf dem Berliner Aryballos inschriftlich bezeichnet und daher wohl auch auf dem Kelchkrater und der Pelike im Louvre sowie auf dem Stamnos in Basel zu erkennen.

Abb. 2

Sonst begegnet noch inschriftlich gesichert, aber nicht dem Text Homers entsprechend, Diomedes auf dem Berliner Aryballos, ein Jüngling auf der Münchner Hydria, ein Jüngling und zwei Frauen auf der Pariser Pelike und eine Frau auf der schwarzfigurigen Oinochoe. Unabhängig von diesem Bildtypus und auch voneinander sind drei weitere Vasen, auf denen Odysseus vor dem sitzenden Achill steht, nämlich ein Skyphos im Louvre, eine Pelike in der Villa Giulia und eine Schale im Britischen Museum. Auch diese drei Gefäße sind noch vor der Jahrhundertmitte entstanden.[2]

Abb. 3
Abb. 4

Die einzige später geschaffene Vasendarstellung ist nicht attisch, sondern italisch. Es handelt sich um Bruchstücke eines Glockenkraters vom Sarpedonmaler in Heidelberg. Dieses Bild ist völlig unabhängig von der bisherigen Tradition. In

---

[1] Es sind dies der Kelchkrater im Louvre G 163, die Hydria in Berlin F 2176, die Pelike im Louvre G 374, der Stamnos in Schweizer Privatbesitz, jetzt in Basel. Dazu kommen der Aryballos in Berlin F 2326, bei dem Odysseus den Petasos nicht im Nacken, sondern auf dem Haupt trägt, sowie die Hydria München 8770, bei der Odysseus nicht das Knie umfaßt und auf einem Block sitzt, schließlich die Vase in Reading (Annali 1849, 255. ARV² 283, 5).

Abb. 2

[2] Sie werden von H. Döhle, Klio 49, 1967, 63 ff. auf die „Myrmidonen" des Aischylos zurückgeführt.

Abb. 3   Paris, Louvre. Skyphos.

Abb. 4   London, Brit. Museum. Schale.

einem tempelartigen Bau sitzt Achill beim Leierspiel und bei ihm Patroklos. Damit entspricht das Bild mehr dem Text Homers als alle attischen Bilder, die ihn so darstellen, wie es für Aischylos überliefert ist, nämlich in Trauer. Außerhalb stehen die drei Gesandten im Gespräch, von denen Phoinix weißhaarig und Aias unbärtig wiedergegeben ist. Vielleicht ist daher auch in dem Jüngling auf den attischen Bildern der Münchner Hydria und der Pariser Pelike Aias zu erkennen.

Aus den Jahrhunderten des Hellenismus ist uns keine einzige Darstellung der Sage erhalten. Die nächsten Bilder stammen erst aus der Kaiserzeit, und das sind auch nur sehr wenige. Es handelt sich einmal um einen Zyklus von drei Gemälden. Darin werden in dem ersten die drei Gesandten auf dem Weg gezeigt, im zweiten der nackte sitzende Achill und dabei ein stehender Krieger, im dritten die Gesandten bei dem sitzenden Achill, wobei Phoinix zu seinen Füßen kniet. Die drei Gemälde sind also von den früheren Kunstwerken unabhängig. Das gilt auch für die beiden anderen kaiserzeitlichen Wiedergaben, nämlich eine „Ilische Tafel", auf der vor einem Gebäude Achill steht, während drei Krieger auf ihn zugehen, und für eine Lampe, auf der Odysseus und Achill wiedergegeben sind.³

Dolon

Im 10. Buch der ›Ilias‹ wird berichtet, wie in einer von Agamemnon nächtlich einberufenen Ratsversammlung Nestor den Vorschlag macht, Kundschafter auszusenden (Vers 204). Diomedes erklärt sich bereit, der weiterhin Odysseus auswählt. Diomedes erhält Schwert, Schild und eine Sturmhaube ohne Busch. Odysseus empfängt Bogen, Köcher, Schwert und Eberzahnhelm. Aus Vers 368 f. geht hervor, daß Diomedes auch einen Speer dabei hat.

Auch Hektor rief eine nächtliche Versammlung ein und versprach dem, der sich auf einen Erkundungsgang machen wolle, großen Lohn (Vers 304). Dolon erklärte sich bereit gegen das Versprechen, die Rosse Achills zu erhalten. Er legte sich den Bogen und ein Wolfsfell um, setzte eine Marderkappe auf, nahm einen Speer (Vers 335) und ging los.

Odysseus bemerkte ihn und versteckte sich mit Diomedes. Sie ließen ihn vorbei und fingen ihn. Auf Befragen erklärte Dolon, daß die Bundesgenossen ohne Waffen schliefen. Er erwähnte besonders Rhesos mit seinen Thrakern. Daraufhin tötete ihn Diomedes mit dem Schwert (Vers 455).

Die früheste Darstellung von Dolon befindet sich auf einer am Anfang des 6. Jh. v. Chr. entstandenen korinthischen Schale mit Namensbeischriften. Aber der nackte Held ist allein für sich abgebildet und steht in keinem Sagenzusammenhang.

So ist das früheste Bild von der Ergreifung des Dolon durch Diomedes und

---

³ Das Bild auf einem Dreifuß aus Olympia, das früher öfter auf dieses Thema bezogen wurde, wird hier bei der „Rückforderung der Helena" S. 24 behandelt. Abb. 1

Abb. 5   Oxford. Oinochoe.

Abb. 5   Odysseus auf einer im letzten Jahrzehnt des 6. Jh. v. Chr. entstandenen attisch-schwarzfigurigen Kanne in Oxford. Alle drei Helden sind bärtig und Dolon ist, dem Text Homers entsprechend, mit dem Wolfsfell bekleidet. Der Wolfskopf – anstatt der von Homer erwähnten Marderkappe – ragt ihm über den Kopf, ähnlich wie es bei Herakles der des Löwen zu tun pflegt. Das entspricht genau der Schilderung im euripideischen ›Rhesos‹ (Vers 208), die demnach auf eine ältere Fassung zurückgehen muß. Aber die beiden griechischen Helden tragen nicht die von Homer erwähnten Helme, schon gar nicht den Eberzahnhelm, unter dem man sich gewiß bereits in der Archaik nichts mehr vorstellen konnte, aber auch keinen sonstigen Helm. Auch der Schild des Diomedes fehlt, ebensowenig ist der von Homer erwähnte Bogen und Köcher des Odysseus zu sehen. Schon der früheste Vasenmaler hat sich also nur sehr begrenzt an den Text Homers gehalten.

Ein Jahrzehnt später sind die Bruchstücke einer rotfigurigen Schale im Cabinet des Médailles entstanden. Hier ist die Dreiergruppe noch durch Hermes links und Athene rechts bereichert. Dolon trägt wieder sein Tierfell. Von links greift ihn der inschriftlich bezeichnete Odysseus mit dem Petasos im Nacken, also wieder ohne Helm und Bogen, mit der Lanze an. Der Oberkörper des von rechts kommenden Diomedes fehlt. Sicher war er ebenfalls unbehelmt.

Abb. 6   Wieder ein Jahrzehnt später ist eine Schale in Leningrad entstanden, die das Thema auf beiden Seiten wiedergibt. Wieder ist der mit Wolfsfell bekleidete Dolon, der den Wolfkopf über sein Haupt gezogen hat, in der Mitte und wird von beiden Seiten durch seine Gegner angegriffen. Diese tragen auf der einen Seite der Schale beide den Pilos, auf der anderen beide den Petasos. Der linke kämpft beidemal mit dem Speer, der rechte einmal mit Schwert, das andere Mal mit Speer. Bogen und Köcher fehlen wieder.

Die späteste attische Darstellung von Dolon befindet sich auf einer um 460 v. Chr. entstandenen Pariser Lekythos. Dolon ist allein ohne seine Gegner wiedergegeben. Er kriecht, mit seinem Fell bekleidet, auf allen vieren.

Attische Vasenbilder haben sich also nur aus einem halben Jahrhundert erhalten.

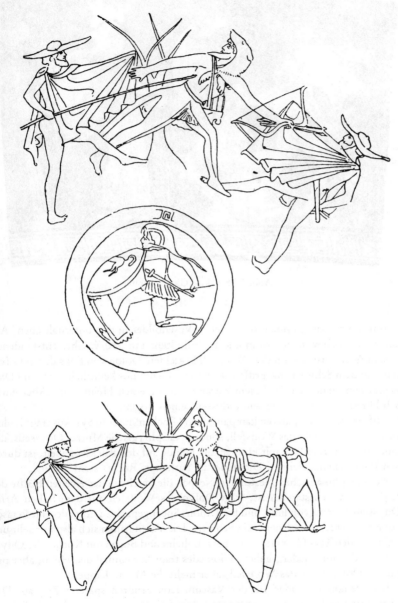

Abb. 6 Leningrad. Schale.

Abb. 7   Syrakus. Glockenkrater.

Ihre Fortsetzung finden die attischen Vasenbilder in den unteritalischen. Auf einem deutlich von der Komödie beeinflußten, um 380 v. Chr. entstandenen Kelchkrater wird der mit dem Wolfsfell bekleidete Dolon von links durch Odysseus mit dem Schwert angegriffen. Er ist an seinem Pilos kenntlich, während Diomedes zum erstenmal in diesem Zusammenhang einen Helm trägt. Aber einen Schild hat er ebensowenig wie Odysseus einen Bogen.

Abb. 7   Auf einem etwas späteren kampanischen Glockenkrater in Syrakus trägt Dolon zum erstenmal nicht das Wolfsfell, sondern die phrygische Mütze. Odysseus, der ihm, nicht im Einklang mit Homer, die Hände auf den Rücken fesselt, ist durch den Pilos gekennzeichnet, Diomedes ist barhaupt. Rechts steht Athena.

Auf einer lukanischen Nestoris in Neapel, die bereits in der zweiten Hälfte des 4. Jh. v. Chr. entstanden ist, trägt Dolon das Wolfsfell auf dem linken Arm. Odysseus kommt von links und hat Dolons Speer gepackt. Diomedes mit Petasos kommt von rechts und zieht sein Schwert. Die Vasen halten sich also nur sehr ungefähr an den Text Homers. Der Eberzahnhelm und Bogen mit Köcher des Odysseus werden nie wiedergegeben. Diomedes trägt nur einmal den Helm, aber mit Busch, Dolon zwar das Wolfsfell, aber nicht die Marderkappe.

Die Denkmäler außerhalb der Vasenmalerei gehören späterer Zeit an. Das Thema ist möglicherweise wiedergegeben auf einem späten Schildbandrelief aus Dodona.[1] Allerdings fehlen sowohl das Wolfsfell für Dolon wie der Pilos für

---

[1] Die Deutung von Kunze, Schildbänder 139, dort 243 Datierung in das zweite Viertel des

Odysseus. Zu erwähnen sind zwei Marmorkopien eines hellenistischen Reliefs.[2] Odysseus und Diomedes haben Dolon entdeckt und lassen ihn an sich vorbeiziehen. Es ist also ein früherer Augenblick des Geschehens ausgewählt als auf den Vasenbildern.
  Ein Relief in Rabat auf Malta ist in seiner Deutung umstritten, wird sich aber wohl doch auf die Sage beziehen, zumal Dolon auch auf der Syrakusaner Vase jugendlich und mit phrygischer Mütze wiedergegeben ist. Taf. 3a
  Auf einer römischen Silberoinochoe sind Dolon und Odysseus einander gegenübergestellt. Zweifellos handelt es sich um einen Auszug aus einer Szene, der ursprünglich auch Diomedes angehörte.
  Verhältnismäßig häufig begegnet das Thema auf Gemmen, wo freilich oft auch nur Auszüge aus dem Geschehen dargestellt sind.
  Die Sage findet sich also in der bildenden Kunst vom späten 6. Jh. v. Chr. bis mindestens in das 1. Jh. n. Chr. Nie halten sich die verschiedenen Künstler genau an den Text Homers.

Rhesos

Gemäß der Erzählung im 10. Buch der ›Ilias‹ kamen Odysseus und Diomedes nach der Tötung des Dolon zu den Thrakern. Diomedes tötete zwölf der Schlafenden und ihren König. Odysseus räumte die Leichen beiseite, um den Fluchtweg frei zu haben und löste die Rosse. Athene mahnte zur Umkehr (Vers 509 ff.). Auf dem Heimweg nahmen die beiden Helden die Rüstung des getöteten Dolon auf.
  In der Ilias steht diese Episode in engem Zusammenhang mit der Gefangennahme und Tötung des Dolon. Die Tötung von Rhesos war die Folge der Gefangennahme des Dolon. Trotz des engen Zusammenhangs ist die Bildgeschichte beider Vorgänge gänzlich verschieden voneinander.
  Archaische Darstellungen der Rhesosepisode gibt es noch nicht. Es sind uns nur vier Vasenbilder überliefert. Alle sind unteritalisch und gehören dem 4. Jh. v. Chr. an. Zwei von ihnen sind nur fragmentarisch erhalten.
  Die beiden ganz erhaltenen Vasenbilder in Berlin und Neapel entsprechen sich Abb. 8 in ihrer unteren Zone so weitgehend, daß man an ein gemeinsames Vorbild, ein Gemälde, denken muß.
  In der Mitte hält Odysseus in Mantel und Pilos in jeder Hand eines der Rhesospferde und zugleich in der Rechten ein gezücktes Schwert. Links entfernt sich Diomedes mit senkrecht gehaltenem Schwert. In der Zone darüber liegen die schlafenden Thraker. Gegen sie stürmt auf der Berliner Vase ein anderer, bei Homer nicht vorkommender Grieche an. Sein Gegenstück bildet ein fliehender Thraker. Auch dies ist nicht im Einklang mit Homer, wo alle Thraker schlafen.

---

5. Jh. und später. Der Deutung stimmte zu Friis Johansen, Iliad 75. und Lissarrague, RA 1980, 17.
[2] H. Froning, Marmor-Schmuckreliefs 57 ff. Taf. 8, 1.

Abb. 8 Berlin. Volutenkrater.

Taf. 22b Das Bruchstück in Würzburg gibt einen schlafenden Thraker, das in Basler Privatbesitz einen getöteten, blutüberströmten Thraker wieder. Darstellungen außerhalb der Vasenmalerei sind unbekannt.

Odysseus als Bettler in Troja

Nach der ›Odyssee‹ (4, 244 ff.) hat sich Odysseus einmal während des Trojanischen Krieges als Bettler verkleidet nach Troja begeben. Dafür hat er sich selbst mit Schlägen entstellt und ein schlechtes Gewand angezogen, so daß er wie ein Bettler oder Sklave aussah. Nach der ›Kleinen Ilias‹ habe er sich selber entstellt, sei als Späher nach Troja gegangen, dort von Helena erkannt, aber nicht verraten worden, habe einige Trojaner getötet und sei zu den Schiffen zurückgekehrt. In der ›Hekabe‹ des Euripides erinnert die Titelheldin (v. 239 ff.) den Odysseus an seinen Gang nach Troja. Im euripideischen ›Rhesos‹ (v. 502) hat Odysseus bei dieser Gelegenheit das Palladion gestohlen. Nach Lykophron 779 und dem Scholion zu der Stelle heißt es, er habe sich nicht selbst entstellt, sondern durch Thoas verwunden lassen. Trotz dieser mehrfachen Erwähnung in der antiken Literatur spielt die Episode in der bildenden Kunst kaum eine Rolle. Auf einer rotfigurigen

Taf. 2b Scherbe, die auf der Athener Agora gefunden wurde, sieht man Odysseus, durch Namensbeischrift gesichert, als Bettler mit vorgestreckter Hand und einem Stock über der Schulter. Die Striemen am Oberarm zeigen seine Verletzung an und machen deutlich, daß nur diese Szene gemeint sein kann. Bei den beiden anderen Gelegenheiten, bei denen Odysseus verkleidet auftrat, war er nicht verwundet, weder auf Skyros noch bei seiner Heimkehr nach Ithaka. Bei der Heimkehr war obendrein sein Aussehen alt gemacht worden, was auf dem Vasenfragment nicht der Fall ist.

In der Scherbe [1] ist uns die einzige Darstellung von diesem Besuch des Helden in Troja erhalten, obwohl das Thema sogar in der großen Kunst vorkam. Nach Plinius [2] hat Aristophon, der Bruder des Polygnot, ein Tafelbild gemacht, 'in qua sunt Priamus, Helena, Credulitas, Ulixes, Deiphobus, Dolus'. Vielleicht geht das Vasenbruchstück auf dieses Gemälde zurück oder ist wenigstens durch dieses angeregt worden. Zeitlich wäre es gut möglich.

Streit des Odysseus mit Aias um die Waffen Achills

Einsam wehrtest du dort an den Schiffen den troischen Anprall,
Aias, und hieltest zum Schutz über Gefallne den Schild.
Nimmer dem Krachen von Steinen, der Wolke von Pfeilen, dem Feuer
wichest du, nimmer dem Speer-, nimmer dem Schwertergeklirr.
Unerschütterlich fest, wie ein Fels im Grunde, so standst du,
ohne zu wanken, und botst feindlichem Sturme die Stirn.
Wenn die Griechen dann nicht mit der Rüstung Achills dich bewehrten
und dir die Waffen als Lohn für deinen Kampfmut versagt,
war es ein Unrecht gewiß, doch der Wille der Moiren; der Feind nicht
sollte Verhängnis dir sein, sondern die eigene Hand.
Anth. Gr. VII 147   Aulus Licinius Archias

Nach dem Tod Achills brach um seine Waffen ein Streit zwischen Odysseus und Aias aus. Dies war in der ›Kleinen Ilias‹, in der ›Aithiopis‹ und in einem Drama des Aischylos (Hoplon Krisis) geschildert, aber nicht bei Homer, wenn auch der Vorgang in der ›Odyssee‹ (11, 543) als bekannt vorausgesetzt wird. Nach der ›Kleinen Ilias‹ und nach Sophokles wurde der Streit durch Athene zugunsten von Odysseus entschieden. Aias beging daraufhin Selbstmord.

Von Homer über Pindar (Nem. VIII 26), Aischylos, Sophokles (Aias) bis hin zu Accius (Armorum iudicium) und Ovid haben zahlreiche Dichter sich mit dem Stoff beschäftigt. Dabei spielte sicher eine große Rolle, daß das Thema Gelegenheit bot zu großen Redewettstreiten zwischen den beiden Helden.

Die bildende Kunst stellt drei verschiedene Phasen dar und verbindet diese öfter miteinander. Eine Phase ist, wie beide Helden mit Waffen in der Hand aufeinander losgehen. Eine andere, wie einer der beiden Helden eine Rede hält, in der er sein Anrecht begründet. Das dritte Thema ist die Abstimmung der griechischen Hel-

---

[1] Brommer, AA 1965, 115–119.
[2] Plinius, n. h. 35, 118 = SQ 1127.

Abb. 9 London, Brit. Museum. Schale.

den über die Streitfrage. Schließlich wird auch noch Odysseus dargestellt, wie er mit den Waffen des Achill angetan ist oder wie er diese gerade an Neoptolemos übergibt.

Der eigentliche Streit ist auf acht attischen Vasen wiedergegeben, die alle in dem Zeitraum zwischen 500 und 480 v. Chr. entstanden sind. Von diesen acht Vasen sind fünf rotfigurige Schalen.

Auf einer schwarzfigurigen Lekythos in Berlin gehen zwei nackte Männer mit den Schwertern aufeinander los. Sie werden durch einen Bärtigen getrennt. Die Deutung ist sicher, weil der Gegenstand des Streites, die Waffen Achills, vor den Kämpfenden liegt.

Auf der einen Seite einer Halsamphora in Madrid dringt ein Bärtiger mit Schwert auf einen anderen, zurückweichenden ein, der sich auf der anderen Seite der Vase befindet. Die Waffen Achills sind nicht wiedergegeben, Beischriften fehlen.

Der Streit zwischen zwei Helden ist ein häufiges Thema der attischen Vasenma-

Abb. 10   London, Brit. Museum. Schale.

lerei. Daß auf der Londoner Schale der Brygosmaler mit den Streitenden Odysseus und Aias gemeint hat, ergibt sich daraus, daß das Thema der anderen Seite die Abstimmung über den Waffenstreit ist. Ganz ähnlich ist auch die Wiedergabe auf der zweiten Schale des Brygosmalers in der Sammlung Bareiss.

Abb. 9

Auf der Wiener Schale des Duris ist das gleiche der Fall, außerdem liegt in der Mitte der Streitszene die Rüstung Achills. Im Eifer des Streits war Aias nicht mehr dazu gekommen, die Schulterklappe seines Panzers zu schließen, während Odysseus überhaupt keinen Panzer trägt, wie es sonst bei den Bildern dieses Themas für beide Streitenden üblich ist.

Taf. 4

Von einer Schale des gleichen Malers im Cabinet des Médailles sind nur Bruchstücke erhalten. Auch hier ist auf der einen Seite der Waffenstreit, auf der anderen Seite die Abstimmung gegenübergestellt. Fragmente einer Schale des Makron im Louvre zeigen den Streit und einen am Boden liegenden Helm, so daß es klar ist, daß der Streit um die Waffen Achills geht.

Die zweite Phase im Ablauf des Geschehens ist, nachdem die Helden glücklich getrennt sind, daß sie Reden halten, um ihr Anrecht zu begründen. Dies ist auf einer schwarzfigurigen Pelike in Neapel dargestellt. Einer der Helden steht auf einem Podium und redet, der andere hört zu. Zwischen beiden sind die Waffen Achills aufgebaut. Die hörende Volksmenge müssen wir uns hinzudenken.

Die Abstimmung ist auf acht attisch-rotfigurigen Schalen dargestellt, von denen vier von Duris stammen. Alle verteilen sich auf den gleichen Zeitraum wie die Bilder vom Waffenstreit. Drei von diesen acht Schalen haben auf der anderen Seite das Thema des Waffenstreits.

Taf. 4

Abb. 9, 10 Auf den besser erhaltenen Schalen in Wien, London und Leiden befindet sich in der Bildmitte ein Tisch, hinter dem Athene steht, die ja den Streit entschieden hat. Von links und rechts treten die Helden heran und legen ihre Stimmsteine ab.

Die Leidener Schale wiederholt das Thema auszugsweise im Innenbild. Auf den Schalen in Wien und London hat Odysseus bereits deutlich mehr Stimmen bekommen, so daß Aias sein Haupt schmerzvoll verhüllt. Bei der Leidener Schale befindet sich der klagende Aias auf der anderen Seite der Schale. Auch auf den Fragmenten im Cabinet des Médailles und der Schale Bareiss ist die Verzweiflung des Aias ausgedrückt.

Auf den Bruchstücken der Schale von der Akropolis sind die Helden Diomedes, Agamemnon, Pyleides, Tydeus und Antimachos namentlich bezeichnet. Von ihnen wird Pyleides bei Homer nicht genannt und Antimachos kommt bei Homer nur als Troer vor. Es ist aber kaum zu vermuten, daß der Vasenmaler diese Namen erfunden hat. Eher gehen sie auf eine literarische Version zurück, zumal der Name Antimachos unter den Helden im Trojanischen Pferd aufgezählt wird.[1] Der Name ist also sicher nicht vom Vasenmaler erfunden, sondern war in einer literarischen Version bekannt. Auch hier stand Athene in der Mitte. Die Fragmente zweier Schalen der Sammlung Astarita im Vatikan sind noch nicht veröffentlicht. Auf der anderen Seite der schon erwähnten Schale in Leiden steht der klagende Aias und ein Krieger in voller Rüstung, in dem wohl Odysseus zu sehen ist, der die gewonnene Rüstung bereits angelegt hat.

Taf. 6 Im Innenbild der Wiener Schale, deren Außenseiten Streit und Abstimmung zeigen, übergibt Odysseus die Rüstung an Neoptolemos.

Das Thema des Waffenstreits, der Abstimmung und dazugehöriger Episoden hat also ganz entschieden seinen Schwerpunkt in der spätarchaischen attischen Vasenmalerei.

Allerdings wissen wir von einem Wettstreit der Maler Parrhasios und Timanthes mit diesem Thema, wobei Parrhasios unterlag.[2] Das muß im späten 5. Jh. gewesen sein, also zu einer Zeit, aus der wir keine Vasenbilder des Themas mehr haben.[3]

Die letzte Darstellung der Sage befindet sich auf einem Silberteller des 6. Jh. n. Chr. in Leningrad.[4] Hier sitzt Athena als Richterin zwischen den beiden stehenden und streitenden Helden.

[1] Quintus Smyrn. XII 323.
[2] Overbeck, SQ 1699, 1700.
[3] Auf einem etruskischen Sarkophag (London D 21. – J. P. Small Taf. 3b, 4a, dort als Odysseus und Aias gedeutet) kämpfen zwei Männer gegeneinander und werden von zwei weiteren Männern zurückgehalten. Die Waffen Achills fehlen. Das übrige Thema des Sarkophags spricht mehr dafür, daß es sich um die 'Sieben vor Theben' handelt.
[4] Reinach, Rep. rel. III 519,3. – Stanford-Luce, Quest 175 fig. 147. – LIMC s. v. Aias Nr. 89 Abb.

Das Thema hat also seinen Schwerpunkt in der archaischen Zeit, war aber noch ein Jahrtausend später bekannt.
Über die Vorgänge, die in den Iliasbüchern 12–14 berichtet werden (hier S. 5f.), haben wir, soweit Odysseus an ihnen beteiligt ist, keine bildlichen Darstellungen.

ODYSSEUS UND NEOPTOLEMOS

*Wie des Achilleus streitbarer Sohn voreinstens der Skyros
Ziegenweiden verließ und gegen Ilion fuhr . . .*
Anth. Gr. IX 219   Diodoros von Sardes

Neoptolemos war der Sohn des Achill und der Deidameia, einer Tochter des Königs Lykomedes von Skyros. Der Seher Helenos hatte geweissagt, daß ohne Neoptolemos und die Pfeile des Herakles, die im Besitz des Philoktet waren, Troja nicht erobert werden könne. Neoptolemos lebte auf Skyros (Il. 19, 327). Von dort holte ihn Odysseus nach der ›Odyssee‹ (11, 508) und der ›Kleinen Ilias‹, wie einst seinen Vater Achilleus. Neoptolemos bewährte sich im Rat und Krieg und kehrte unverwundet wieder zurück (Od. 11, 506–537). Nach Quintus Smyrnaeus[1] begleitete dabei Diomedes den Odysseus. Nach Apollodor (Epit. V 11), Philostrat d. J. (I 394, 3) und Sophokles (Phil. 343) war Phoinix dabei, eine Variante, die vielleicht Sophokles aufgebracht hat, der das Thema in seinen ›Skyrioi‹ behandelt hat.

Der Vorgang ist bildlich nur aus der Vasenmalerei des 5. und 4. Jh. v. Chr. bekannt. Die früheste erhaltene Darstellung befindet sich auf der um 490 v. Chr. entstandenen Schale des Duris in Wien. Auf ihr übergibt Odysseus dem jugendlichen Neoptolemos die Waffen seines Vaters. Die Deutung der beiden unbeschrifteten Helden ist dadurch gesichert, daß sich auf beiden Außenseiten der Schale auch Themen mit den Waffen Achills befinden. Wenn auf dieser Schale in so ungewöhnlicher Weise ein geschlossener Themenkreis dargestellt ist, so hat wahrscheinlich eine literarische Quelle diese Bilder beeinflußt. Taf. 6
Taf. 4, 5

Auf dem um 460 v. Chr. entstandenen Volutenkrater in Ferrara sind Lykomedes, Neoptolemos, Odysseus und Phoinix mit ihren Namen bezeichnet. Die zwischen Lykomedes und Neoptolemos stehende Frau kann nur Deidameia sein. Phoinix erscheint hier zum erstenmal in dieser Sage.

Auch auf dem annähernd gleichzeitigen Krater im Louvre sind Lykomedes und Neoptolemos namentlich bezeichnet und dazu Deidameia. Odysseus fehlt aber auffallenderweise.

Auf einer apulischen Lutrophoros in Florenz stehen vor einem sitzenden König Odysseus mit dem Pilos und ein Jüngling mit Lanze, zweifellos Neoptolemos. Dies ist das einzige uns bekannte außerattische Vasenbild der Sage, entstanden

---

[1] Posthom. VI 604ff., VII 169ff.

39

lange nach dem letzten attischen Vasenbild, vielleicht unter dem Einfluß einer dramatischen Aufführung.
Darstellungen außerhalb der Vasenmalerei sind nicht bekannt.[2]

RAUB DES PALLADION

Nach dem Seherspruch des Helenos war der Raub des Palladion die Voraussetzung für die Eroberung Trojas. Dieser Raub wurde durch Odysseus und Diomedes durchgeführt. Die Geschichte wird nicht von Homer, aber an mehreren anderen Stellen erzählt, und zwar auf verschiedene Weise.

Die Geschichte kam in der ›Kleinen Ilias‹ vor, wie einem Zeugnis des Proklos[1] zu entnehmen ist, wo die Tat nach dem Bettlergang des Odysseus durchgeführt wurde.

Arktinos berichtet, wie Dionysios von Halikarnass[2] erzählt, daß die Trojaner das richtige Palladion versteckt und die Achäer das nachgemachte geraubt hätten. Die Kenntnis der Sage ist also für frühe Zeit belegt.

Nach Suidas[3] und dem Scholion zur ›Ilias‹ Z 311 stahlen Odysseus und Diomedes das Palladion bei Gelegenheit einer Gesandtschaft zu Priamos, und zwar mit Hilfe der Theano, der Gattin Antenors, die Athenapriesterin war.

Nach Tzetzes[4] geschah der Diebstahl nachts, also offenbar nicht bei Gelegenheit der Gesandtschaft, aber mit Hilfe des Antenor. Auch nach Dictys Cretensis[5] haben Antenor und Theano mitgewirkt.

Nach Konon[6] stieg Diomedes auf die Schultern des Odysseus und über die Mauer, zog diesen aber nicht nach, stahl das Palladion, behauptete jedoch, es sei das falsche. Da es sich aber bewegte, erkannte Odysseus, daß es doch das richtige sei, und zog sein Schwert, um Diomedes zu töten. Dieser sah es im Mondlicht blinken und trieb Odysseus mit dem blanken Schwert vor sich her. Auch hier wird die Tat in die Nacht verlegt.

Daß Odysseus den Diomedes töten wollte, aber von ihm gefesselt weggetrieben wurde, berichten auch Zenobius,[7] Eustathios, je ein Scholion zu Platon und Servius.

[2] Auf einer New Yorker Halsamphora ist der Abschied eines Neoptolemos dargestellt, aber die Eltern heißen Antiochos und Kalliope. Es fehlt nicht nur Odysseus, sondern auch Deidameia, dafür ist ein Antimachos anwesend. Es muß sich um einen anderen Neoptolemos handeln.

[1] Chrestomath. 228.
[2] I 68, 2; 69.
[3] s. v. Palladion.
[4] Posthom. 514.
[5] Bell. Troi. V 4, 8.
[6] Jacoby, FrGrH I 201.
[7] Diomedeia ananke. – Eustathios 822, 18. – Schol. Platon, Rep. 493 d. – Servius, Aen. II 166.

Auch Ovid[8] weiß, daß die Tat bei Nacht geschah, und Vergil sowie Silius Italicus, daß Wächter getötet wurden.

Ovid[9] und Appian schreiben ohne nähere Angaben die Tat beiden Helden zu. Servius[10] berichtet, daß die beiden Helden durch die Wasserleitung oder die Kloake in die Stadt gelangt seien. So hatte es auch offenbar schon bei Sophokles[11] in den ›Lakainai‹ geheißen.

Euripides[12] berichtet, daß Odysseus das Palladion in der Nacht als Bettler verkleidet gestohlen und zu den Schiffen gebracht habe. Diomedes wird nicht erwähnt. Er folgt offenbar der ›Kleinen Ilias‹. Nach Apollodor (Epit. V 13) gingen die Helden in der Nacht in die Stadt. Odysseus ließ den Diomedes warten, verkleidete sich als Bettler, wurde von Helena erkannt, stahl mit ihrer Hilfe das Palladion und brachte es mit Diomedes zu den Schiffen, nachdem er viele Wächter getötet hatte. Offenbar hat Apollodor die beiden Gänge des Odysseus in die Stadt in einen einzigen zusammengezogen.

Neben der Hauptmenge der Autoren, die die Tat beiden Helden zuschreiben, gibt es also auch die Version des Konon, wonach Diomedes die Hauptleistung erbrachte, und die des Euripides und des Apollodor, wonach es Odysseus war. Zwar wissen auch Arktinos und Polyaen (I 5) von zwei Palladien, aber daß die beiden Helden zwei Palladien raubten, findet sich nur bei Ptolemaios Chennos.[13]

Der Raub des Palladion durch Diomedes und Odysseus wird innerhalb der bildenden Kunst zuerst in der attischen Vasenmalerei seit dem frühen 5. Jh. v. Chr. dargestellt. Außerattische archaische Darstellungen sind nicht bekannt.

Auf einer um 490/80 v. Chr. entstandenen rotfigurigen Bauchamphora in Stockholm sieht man Athene in der Mitte von zwei Kriegern. Beide sind bärtig und mit Helm, Panzer, Schild und Lanze gerüstet, aber ohne Schwert. Beide halten in ihrer Rechten ein geraubtes Palladion. Dabei ist das Palladion des linken Kriegers klar zu sehen, das des rechten bis auf den Helmbusch durch dessen Körper verdeckt. Die Gestalten sind nicht beschriftet und auch nicht durch Attribute unterschieden.

Taf. 7

Auf einer Leningrader Schale des Makron, die um 480 v. Chr. entstanden ist, haben die Gestalten Beischriften. Odysseus und Diomedes haben beide den Petasos im Nacken, das gezückte Schwert in der Rechten und jeder in der Linken das Palladion. Gerüstet sind sie nicht. Sie scheinen aufeinander loszugehen, während Akamas und Demophon sowie Phoinix und Agamemnon vermittelnd eingreifen. Offenbar liegt beiden Bildern die Sagenversion des Ptolemaios vor, die damit bildlich sechshundert Jahre vor ihrer literarischen Erwähnung belegt ist. Um die gleiche Sagenversion handelt es sich bei einer mehr als ein Jahrhundert später in Apulien entstandenen Oinochoe des Louvre. Hier tragen beide Helden in der

Abb. 11

---

[8] Met. XIII 100, 337, 380. – Vergil, Aen. II 164 ff. – Sil. It., Pun. XIII 47 ff.
[9] Fast. VI 432. – Appian, Mithrid. 53.
[10] Servius, Aen. II 106.
[11] N² fr. 338.
[12] Rhesos 499 ff.
[13] A. Chatzis, Der Philosoph und Grammatiker Pt. Chr. (1914, Nachdruck 1967) 24 Nr. 8.

Abb. 11   Leningrad. Schale.

Linken das Palladion, in der Rechten ein gezücktes Schwert. Einer ist bärtig, der andere unbärtig. Der Bärtige hält in der Linken noch einen Speer, weitere Waffen führen sie nicht. Beide blicken nach links zu Athene, die ihnen eine Weisung gibt. Rechts steht eine Frau, vielleicht Helena.[14]

Auf einer fragmentierten weißgrundigen Schale in Boston sieht man zwei Männer. Der linke, vom Rücken gesehene ist bärtig und trägt einen Petasos im Nacken. Beim rechten ist der Kopf nicht erhalten. Er trägt in der Rechten eine Lanze, an der Seite ein Schwert und scheint in der Linken ein Palladion zu halten. Das Bild ist um 460 v. Chr. zu datieren.

Abb. 12   Die früheste sichere Darstellung vom Raub nur eines Palladion findet sich auf einer um 420 v. Chr. entstandenen Amphora panathenäischer Form in Neapel. Diomedes hält das Palladion in seiner Linken; in seiner Rechten hält er ein gezücktes Schwert. Ihm zugewandt steht in der Mitte Helena, die wie die beiden anderen Gestalten auch mit ihrer Namensbeischrift versehen ist. Rechts steht Odysseus mit einer Lanze in der Rechten, einem Schwert in der Linken. Es liegt also die Version, die wir literarisch von Apollodor kennen, zugrunde, nach der Helena vom Raub des Palladion weiß, ja sogar dabei mitgeholfen hat. Auch hier ist die bildliche Fassung weit älter – und zwar fast dreihundert Jahre – als die literarische.

Die einzige weitere Darstellung der Sage aus dem 5. Jh. v. Chr. befindet sich auf einer attisch-rotfigurigen Schale des späten 5. Jh. in Oxford. Sie stellt den unbärtigen Diomedes mit Namensbeischrift allein für sich dar. Er trägt das Palladion und hat den Petasos im Nacken. Ob hier nur ein Auszug aus einer größeren Szene vorliegt oder ob es sich um die Version des Konon handelt, läßt sich nicht sagen. Wäre die zweite Möglichkeit zutreffend, dann wäre hier die bildliche Fassung vierhundert Jahre älter als die uns überlieferte literarische.

Zeitlich schließen sich unteritalische Vasenbilder an, von denen wir eins mit

---

[14] Moret, L'Ilioupersis 80 vermutete Hekate oder Kore.

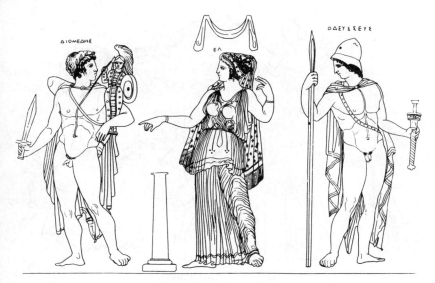

Abb. 12   Neapel. Amphora.

zwei Palladien bereits erwähnt haben. Die übrigen vier geben jeweils nur ein Palladion wieder. Allerdings ist eines von ihnen – in Heidelberg – nur ein Bruchstück mit einer unbärtigen Gestalt, die das Palladion trägt und mit einem Pilos bedeckt ist, also wohl Odysseus. Es kann nicht ausgeschlossen werden, daß zu dem Bild ursprünglich noch Diomedes gehörte, der ebenfalls das Palladion trug. Auf einer um 370–360 v. Chr. zu datierenden apulischen Pelike in Neapel hat der unbärtige Diomedes, dem der Petasos im Nacken hängt, das Palladion mit der Linken ergriffen und aus dem Tempel entführt. Der bärtige Odysseus mit dem Pilos auf dem Kopf, einer Lanze in der Rechten, einem Schwert an der Seite und einem Schild an der Linken deckt den Rückzug. Einen Schild trägt er auch auf der Amphora in Stockholm, aber sonst nicht bei den Vasenbildern dieser Sage. Oberhalb des Tempels sitzt Athene sowie eine Nike und steht Hermes. Rechts läuft eine Priesterin mit dem Tempelschlüssel davon. Gewiß handelt es sich nicht um Theano, denn die Priesterin läuft mit allen Anzeichen des Entsetzens hinweg. Links steht eine weitere Frau, wahrscheinlich Helena, wie auf der Neapler Amphora und der Pariser Oinochoe.

Abb. 13

Taf. 7

Der Pelike ist gleichzeitig ein apulischer Volutenkrater in Tarent. Auch hier deckt Odysseus, der in der Tempeltür steht, den Rückzug des bärtigen Diomedes, der sich mit dem Palladion im rechten Arm bereits außen befindet. Das Schwert hängt an seiner Seite. Vor ihm steht ein gefesselter Trojaner, dessen Fessel er mit der Linken ergreift. Von einer Fesselung von Trojanern bei dieser Gelegenheit berichtet die antike Literatur nichts. Rechts von der Szene sitzt Hermes, links steht Nike, über ihr Pan mit der Syrinx, neben ihm eine Gottheit mit einem Schwan. Rechts vom Naiskos stehen zwei weibliche Gestalten, gewiß ebenfalls Gottheiten

43

Abb. 13 Neapel. Pelike.

wie die anderen. Die mit der Fackel ist sicher Kore, die andere mit Zepter, Diadem und Schleier Demeter.

Abb. 14   Daß das Thema in der Phlyakenposse vorkam, zeigt die Oinochoe des Britischen Museums, wo der bärtige Odysseus mit dem Pilos auf dem Kopf das Palladion davonträgt und der unbärtige Diomedes mit dem Petasos im Nacken ihm folgt. Wenn hier Odysseus das Palladion trägt und Diomedes nicht, so ist nicht klar, ob hier ernsthaft der auch von Apollodor vertretenen Meinung gefolgt wird oder ob es sich um einen Spaß der Posse handelt.

Abb. 15   Als letzte Vase ist ein Reliefguttus in Neapel zu erwähnen. Beide Helden scheinen unbärtig zu sein und den Pilos zu tragen. Der vordere hält das Palladion und eine Fackel, der hintere das gezückte Schwert. Die Fackel bestätigt die in der antiken Literatur weitverbreitete Ansicht, daß der Raub in der Nacht vor sich ging.

Kein Vasenbild zeigt den gefesselten Odysseus oder die Hilfe von Antenor oder Thenao oder das auf die Schultersteigen des Diomedes. Aber die Zahl von nur elf erhaltenen Vasen ist zu klein, um mit Sicherheit die Möglichkeiten auszuschließen, daß es diese Versionen im 5. und 4. Jh. v. Chr. noch nicht gab. Es ist zu bedenken, daß wir aus diesem Zeitraum den Gang durch die Kanalisation bildlich auch nicht kennen, obwohl er schon für Sophokles belegt ist.

Außerhalb der Vasenmalerei sind noch zwei Werke dem 5. Jh. zuzuschreiben: Einmal das Gemälde des Polygnot, in dem nach dem Wortlaut des Pausanias (I 22, 6) offenbar Diomedes die Hauptrolle spielte. Ferner die in mehreren Kopien erhaltene Statue des Diomedes, der ursprünglich das Palladion hielt.[15] Ob er zu einer Gruppe mit Odysseus gehörte oder allein für sich stand, ist unbekannt.

[15] B. Vierneisel-Schlörb, Kat. d. Skulpt. München II 83.

Abb. 14 London, Brit. Museum. Oinochoe.

Abb. 15 Neapel. Guttus.

In Sperlonga sind Reste einer plastischen Gruppe erhalten. Diomedes mit leichtem Bart und ohne Kopfbedeckung hielt das Palladion und Odysseus, dessen Kopf verloren ist, schritt weit aus. Die Figur des Odysseus ist noch in zwei weiteren fragmentarischen statuarischen Kopien erhalten, die ganze Gruppe ist in einem Athener Sarkophag dargestellt. Dort streben die beiden Helden auseinander. Welcher Augenblick gemeint ist, ist nicht klar. Andreae[16] sah hier die Version, „in der Odysseus versucht, dem Kameraden Diomedes das Palladion hinterrücks abzu-

---

[16] AntPl XIV 95. – Ders., Odysseus 167–176.

jagen", doch danach sieht die Gruppe nicht aus. Sie scheint in einigen Sarkophagbildern schwache Nachklänge hinterlassen zu haben.

Eine weitere, halblebensgroße Marmorstatuette mit dem Palladion ist in Athen gefunden worden. Sie ist unvollendet. Doch aus dieser Tatsache kann man nicht mit G. Richter[17] schließen, daß es sich um ein Original handelt. Wieder ist es Diomedes, der keine Kopfbedeckung trägt. Er liegt mit dem Unterschenkel auf einer Fläche auf, während das rechte Bein schon davon herunterhängt. Er ist offenbar dabei, mit dem Palladion von dessen Basis herabzusteigen. Damit befindet er sich in einer Haltung, die wir von nicht wenigen anderen Denkmälern des Diomedes bereits kennen, die zum Teil die ganze Gruppe mit Odysseus wiedergeben. Zu nennen ist ein Sarkophag (Florenz), Gemmen in Oxford (1966. 1808) und im Cabinet des Médailles (151) sowie Gipstondi aus Begram, die die ganze Gruppe wiedergeben. Dazu kommen der Tondo von einer Bronzeschüssel aus Tirlemont (5658) und Gemmen,[18] die allein den Diomedes darstellen, und eine Silbervase aus Bernay, die den Diomedes dieses Typus übernimmt, aber ihn mit einem anderen Odysseus verbindet. Schon Furtwängler[19] hat solche Repliken der Gruppe zusammengestellt. G. Richter hat die Zahl vermehrt. Lippold[20] hat die Werke auf Polygnot bezogen und Lehmann-Hartleben[21] auf das späte 5. Jh. v. Chr. Plinius n. h. XXXIII 157 erwähnt von einem gewissen Pytheas: „Ulixes et Diomedes erant in phialae emblemate Palladium subripientes." Lehmann-Hartleben[22] datierte diesen Toreuten in den Hellenismus und A. Rumpf[23] in das 1. Jh. v. Chr. Vielleicht kann man sich Pytheas als Schöpfer dieser in verschiedenen Kunstarten so beliebten Gruppe vorstellen, die ja auch tatsächlich einmal als emblema eines Gefäßes erhalten ist. Die zahlreichen Gemmen und die Silbervase von Bernay haben ein ähnlich flaches Relief, nur das von dem Sarkophag ist etwas tiefer und die halblebensgroße Plastik wäre dann eine Umsetzung der beliebten Gruppe in Rundplastik. Möglicherweise ist eine Statue des Odysseus[24] auch auf den Palladionraub zu beziehen.

Die sehr große Zahl von Gemmen mit diesem Thema ist überaus auffällig. Gelegentlich wird auf ihnen auch Odysseus allein wiedergegeben, aber in der weitaus überwiegenden Menge[25] ist es Diomedes allein. Von den Gemmenmeistern wurde also Diomedes als der Haupthelsd bei dieser Tat angesehen.

Auf den Münzen von Argos ist nur ein Mann dargestellt, sicher Diomedes, weil nach argivischer Lokalversion das Palladion nach Argos gekommen ist. Gerade dort konnte man die Version von einem zweiten Palladion nicht gebrauchen.

[17] Engraved gems 56 ff.
[18] Wie Cab. méd. 152 und Berlin 6886.
[19] JdI 3, 1888, 221 Anm. 26.
[20] Gemäldekopien 15.
[21] AJA 42, 1938, 104.
[22] a. O. 194.
[23] RE s. v. Pytheos.
[24] Bol, Skulpturen von Antikythera (2. Beiheft AM) 80 Nr. 29 Taf. 48.
[25] Nicht weniger als 142mal.

Abb. 16 Berlin. Tonform.

Eine weitere Komposition ist in den Stuckreliefs der Via Latina erhalten. Dieselben drei Helden wie im polygnotischen Gemälde sind dargestellt. Ob zu ihm ein Zusammenhang besteht, läßt sich nicht sagen.

Eine vierte Komposition ist in einem Gemälde aus Pompeji in Neapel erhalten. Hier trägt Odysseus, ganz unzweifelhaft mit Pilos und Namensbeischrift versehen, das Palladion. Diomedes, Helena und Aithra sind dabei und in einigem Abstand Kassandra. Hier liegt also die Fassung des Euripides vor und eine ähnliche wie bei Apollodor. Es handelt sich nach den Vasen hier ein halbes Jahrtausend später um die erste und einzige Wiedergabe dieser Version.

Abb. 16   Ein Tonrelief in Berlin [26] zeigt die beiden Helden, jeden mit einem Palladion. In diesem Relief handelt es sich um die erste und bisher einzige Wiedergabe der Version des Ptolemaios Chennos nach den Vasen.

Eine sechste Komposition der Gruppe liegt in einem Relief der Sammlung Spada vor. Doch die beiden Gestalten stehen recht zusammenhanglos nebeneinander und scheinen statuarischen Vorbildern nachgeahmt zu sein. Offenbar hielt Diomedes in seinem ergänzten linken Arm das Palladion.

Auf der tabula Iliaca im Kapitol kommen Diomedes mit dem Palladion und hinter ihm Odysseus mit Schild aus einem Tor. Wenn es sich um die Kanalisation handeln sollte,[27] die Sophokles und Servius erwähnen, dann wäre es die einzige bildliche Darstellung dieser Version. Auf jeden Fall ist die Komposition von den anderen sechs nachgewiesenen Kompositionen unabhängig.

Die Sage ist also in der Bildkunst etwas mehr als 600 Jahre lang nachweisbar.

Leichenspiele für Patroklos

Dreifuß bin ich aus Erz, in Delphi steh ich als Weihung.
Hat bei Patroklos' Bestattung der schnelle Achill mich gestiftet,
bracht Diomedes mich her, der Tydide, der treffliche Rufer,
Da Hellespontos, der breite, ihn siegreich zu Wagen erblickte.
Anth. Gr. VI 49   Anonym

Von den Leichenspielen für Patroklos schildert die ›Ilias‹ am ausführlichsten das Pferderennen (23, 257–650). An ihm nahmen Eumelos, Diomedes, Menelaos, Antilochos und Meriones teil, also nicht Odysseus. Hingegen bestritt Odysseus den Ringkampf mit Aias (Il. 23, 708–739) und den Wettlauf, an dem ebenfalls Aias teilnahm, sowie Antilochos (Il. 23, 740–796). Am Waffenkampf beteiligte sich Odysseus nicht, ebensowenig am Diskuswurf und am Taubenschießen.

Von dem Ringkampf und dem Wettlauf des Odysseus finden sich keine Darstellungen in der antiken Kunst. Hingegen ist er auf dem Krater des Klitias beim Pferderennen wiedergegeben zusammen mit Automedon, Diomedes, Damasippos und Hippothoon, wie die Namensbeischriften besagen. Von diesen ist Diomedes

---

[26] AZ 1846, 203–206 Taf. 37. – Verzeichnis der Terrakotten Nr. 148.
[27] So Preller-Robert, Heldensage 1233 Anm. 2 und mit Fragezeichen Sadurska.

der einzige, der nach dem Iliastext wirklich das Pferderennen bestritt. Automedon begegnet in der ›Ilias‹ als Wagenlenker des Achilleus und des Patroklos. Die Namen Damasippos und Hippothoon kommen bei Homer überhaupt nicht vor. Die Kenntnis, die der Vasenmaler Klitias von dem Iliastext hatte, kann also nur sehr oberflächlich gewesen sein.

Andere Darstellungen der Leichenspiele in Gegenwart von Odysseus sind nicht bekannt.

Abholung des Philoktet auf Lemnos

Mehr als die Danaer haßt mich, ein zweiter Odysseus, der Künstler, der an die furchtbare Not und meine Krankheit mich mahnt. Nicht zufrieden mit Schmerz, Blut, Lumpen, Wunde und Höhle goß er mein Leiden und Weh auch in das Erz noch hinein.
Anth. Gr. XVI 112   Anonym

In der ›Ilias‹ (2, 721) lag Philoktet in heftigen Schmerzen auf Lemnos, wo die Achäer ihn verlassen hatten, als er von einer Schlange gebissen worden war.

Auch in den ›Kyprien‹ kam der Schlangenbiß auf Tenedos vor, wegen dessen Philoktet auf Lemnos zurückgelassen wurde. Beide Dichtungen berichten nichts davon, daß Philoktet von der Insel nach Troja geholt wurde. Das ist erst in der ›Kleinen Ilias‹ der Fall, wo ihn Diomedes holt und Machaon heilt, woraufhin er den Paris tötet.

Nicht nur die drei großen Tragiker behandelten das Philoktet-Thema, sondern auch noch mehrere andere Tragiker sowie einige Komiker. Es leuchtet ein, daß es verschiedene Fassungen gegeben haben muß, denn die Sage konnte nicht immer gleich erzählt werden, wenn sie als neues Stück wirken sollte.

Nach Apollodor (epit. III 27) holte Odysseus den wegen seiner stinkenden Wunde zurückgelassenen Philoktet auf Geheiß des Agamemnon von Lemnos. Ebenfalls nach Apollodor (epit. V 8) geschah dies im zehnten Jahr des Kriegs auf Grund des Spruchs von Kalchas, daß der Krieg nicht ohne die Waffen des Herakles, die Philoktet besaß, gewonnen werden könne. Nach der gleichen Stelle holten ihn Odysseus und Diomedes von Lemnos. Er wurde von Podaleirios geheilt und erschoß den Paris.

Nach Hygin (fab. 102) hat Herakles dem Philoktet seine Waffen geschenkt, weil er ihm den Scheiterhaufen errichtet hat. Odysseus und Diomedes hätten ihn auf Lemnos zur Fahrt nach Troja überredet. Auch nach Quintus Smyrnaeus (XIII 327 ff.) wurden Diomedes und Odysseus nach Lemnos geschickt, die ihn zur Abfahrt beredeten.

Nach anderen Versionen [1] wurde die Tat von Diomedes und Neoptolemos oder von Odysseus und Neoptolemos vollbracht. Von Polygnot befand sich ein Gemälde des Themas in den Propyläen.[2] Weitere Philoktet-Gemälde sind von Ari-

[1] Roscher ML VI 16.
[2] Pausanias I 22, 6.

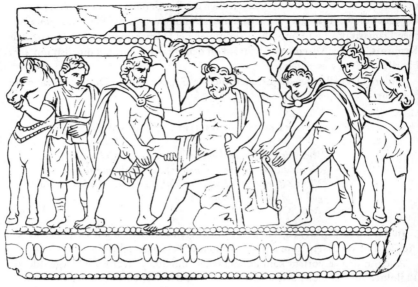

Abb. 17 Cortona. Urne.

stophon, dem Bruder des Polygnot, überliefert, sowie von Parrhasios.[3] Wir erfahren nichts über den Zusammenhang. Bei Polygnots Gemälde erwähnt Pausanias nur den Odysseus, der den Bogen holt, nicht den Diomedes.[4]

Wir erfahren somit aus der antiken Literatur von nicht weniger als drei Philoktetgemälden. Angesichts der wenigen antiken Nachrichten über antike Malerei ist demnach zu vermuten, daß das Philoktet-Thema in der Malerei ähnlich beliebt war wie in der Dichtung. Um so überraschender ist es, daß Philoktet in der griechischen Vasenmalerei nur eine ganz geringe Rolle spielt. Unter den wenigen Philoktetbildern gibt es nur eine einzige Vase, die den Helden zusammen mit Odysseus zeigt.[5] Philoktet sitzt in seiner Höhle. Außerhalb steht der bärtige Odysseus mit einem Schwert in der Hand und dem Pilos im Nacken. Ihm ist eine Frau zugewandt. Auf der anderen Seite der Höhle stehen Athene und ein jugendlicher Held mit Pilos, also Diomedes oder Neoptolemos.

Abb. 17 Demgegenüber kommt Philoktet in der etruskischen Kunst auffallend oft vor. Auf sieben etruskischen Urnen ist Odysseus dabei. Zweimal behandelt er das kranke Bein des Helden, während sein Gefährte den Bogen stiehlt.[6]

Außerdem kommt Philoktet häufig auf Gemmen vor, darunter auf einer des

---

[3] Overbeck, SQ Nr. 1128, 1129 und 1709, dazu G. Schwarz, Die griech. Kunst des 5. und 4. Jh. v. Chr. im Spiegel der Anth. Gr. 65f.
[4] Lippold, Gemäldekopien 15.
[5] RM 84, 1977 Taf. 111, 1.
[6] DL III 418, 1–6, 8, dabei Nr. 1 und 6 Odysseus das Bein behandelnd.

Britischen Museums,[7] wo Philoktet in seiner Höhle liegt und mit einer Feder die Fliegen verscheucht, während der bärtige Odysseus mit Pilos hinter seinem Rücken den Bogen stiehlt.

Ähnlich ist das Thema einer römischen Lampe,[8] wo Philoktet ebenfalls in seiner Höhle liegt und hinter ihm Odysseus und Diomedes nach seinem Bogen greifen.

Das Trojanische Pferd

Sieh die Falle für Troja im zehnten Jahr, das Pferd hier,
drin mit Waffen bewehrt lauernd der Danaer sitzt.
Pallas befahl dieses Werk, Epeios hat es gezimmert,
und ganz Hellas alsdann schlich aus dem Bauche hervor.
Wahrlich, es fielen umsonst die Massen von Männern, wenn Athens
Söhnen im Kriege die List besser als Kämpfen entsprach.
Anth. Gr. IX 156   Antiphilos von Byzanz

Es wird in der ›Ilias‹ nicht erwähnt, aber mehrfach in der ›Odyssee‹. In ihm saßen unter anderen Helden Menelaos, Diomedes, Odysseus und Antiklos. Helena kam mit Deiphobos und rief die Namen der besten Griechen. Odysseus hielt die Gefährten davon zurück, vorzeitig auszusteigen oder sich bemerkbar zu machen (Od. 4, 227–289). Das Pferd hatte Epeios mit Hilfe von Athene geschaffen. Odysseus hat mit List die Trojaner dazu gebracht, es selbst auf die Burg zu ziehen mitsamt den Männern, die Troja eroberten (Od. 8, 492–520). Zu den Gefährten im Pferd gehörte auch Neoptolemos (Od. 11, 523–537). Es war die Aufgabe des Odysseus, die Luken zu öffnen und zu schließen.

Aus allen Erwähnungen geht die bedeutende Rolle des Odysseus hervor. Nach manchen späteren Autoren soll er den Gedanken dazu gehabt haben. Bei Homer steht das nicht ausdrücklich, es wird aber auch niemand anders bei ihm als der geistige Vater genannt. Das Thema hat immer wieder die Literatur beschäftigt. Von Livius Andronicus und von Naevius gab es je einen ›Equos Troianus‹.

Die Episode ist also literarisch sehr früh belegt sowie mehrfach und länger bei Homer behandelt. Wenn es auch verschiedene Versionen gibt, so widersprechen sie sich doch nicht so, daß sie sich gegenseitig ausschließen würden. Das Bild ist also literarisch einheitlicher als bei manchen anderen Sagen.

Die früheste Darstellung des Trojanischen Pferdes findet sich auf einer um 700   Taf. 8a
v. Chr. entstandenen Fibel eingeritzt. Es handelt sich um eine der frühesten Sagendarstellungen überhaupt. Die Räder an den Hufen machen deutlich, daß es sich um kein gewöhnliches Pferd handelt; außerdem sind die Luken eingeritzt, aus denen die Helden aussteigen konnten. Eine Handlung ist allerdings nicht dargestellt. Rings um das riesige Pferd befinden sich Tiere, die offenbar nichts mit ihm zu tun haben.

---

[7] Martini, Die etruskische Ringsteinglyptik 83 Taf. 21, 3.
[8] Roscher, ML III 2338 Abb. 13.

Abb. 18   Paris, Cab. méd. Aryballos.

Taf. 8b   Im 7. Jh. v. Chr. ist ein Reliefpithos in Mykonos entstanden. Auf dessen Hals befindet sich das riesige Pferd auf Rädern. In seinem Bauch sind fünf Luken und im Hals zwei weitere. In jeder wird der Kopf eines Griechen sichtbar. Mehrere von ihnen reichen Waffen heraus. Draußen, rings um das Pferd, befinden sich schon weitere sieben bewaffnete Krieger. Trojaner sind noch nicht zu sehen, es ist nur das Aussteigen geschildert. In weiteren Reliefbildern derselben Vase werden Szenen aus der ›Iliupersis‹ wiedergegeben.

Aus Tenos stammt ein weiteres Reliefgefäß, von dem nur ein Bruchstück erhalten ist. Aber da an den Hufen wieder Räder befestigt sind, ist die Deutung gesichert. Das Pferd ist diesmal nach links gerichtet, stammt also aus einer anderen Form. Menschliche Gestalten sind nicht zu sehen, nur ein Schild, der vielleicht aus dem Bauch des Gefäßes herausgereicht wird. Demgemäß dürfen wir uns das Bild ähnlich wie das in Mykonos ergänzen.

Abb. 18   Das früheste gemalte Vasenbild mit dem Thema ist im zweiten Viertel des 6. Jh. v. Chr. entstanden. Es befindet sich auf einem korinthischen Aryballos. Um das riesige Pferd mit seinen zahlreichen Luken tobt ein lebhaftes Kampfgetümmel. Diese früheste Darstellung des um das Pferd ausgebrochenen Kampfes ist in der korinthischen Kunst so ungewöhnlich, daß man an einen äußeren Einfluß denken mag, beispielsweise an das von Strabon VIII 343 erwähnte Gemälde des Korinthers Kleanthes mit der Einnahme von Troja.

Taf. 9a   Das zeitlich nächste Bild ist nur wenig später entstanden. Es befindet sich auf einem attisch-schwarzfigurigen Bruchstück in Berlin. Man sieht die Reste von zwei Kriegern, die je auf den Schultern eines anderen stehen und gerade dabei sind, aus dem Pferd auszusteigen, von dem der Teil eines Beines zu sehen ist.[1]

[1] Bei Furtwängler, Vasenslg. Nr. 1723 und Greifenhagen, Führer (1968) 180 ist der Vorgang von Kunisch als Einsteigen gedeutet. Sonst wird hier allgemein, wohl mit Recht, das Aussteigen gesehen.

Abb. 19 Berlin. Becher.

Das nächste attische Bruchstück in Würzburg ist mehr als ein Jahrhundert spä- Taf. 9b
ter bemalt worden. Vor einem Tempel steht das Pferd, von dem nur der Deckel
einer Luke zu sehen ist. Aus ihr kommt ein behelmter Grieche; vor ihm ist das obere
Ende einer Leiter und ein Rest vom Arm eines zweiten Griechen. Daß dieses
Bruchstück das einzige aus dem 5. Jh. erhaltene ist, ist um so merkwürdiger, als
wir von drei Werken der großen Kunst aus diesem Jahrhundert wissen.

In dem großen Gemälde der ›Iliupersis‹ in der Lesche der Knidier zu Delphi hat
Polygnot den Kopf des Trojanischen Pferdes gemalt, der über die Mauer ragt
(Paus. X 26).

Ebenfalls in Delphi hatten die Argiver als Weihgeschenk eine Bronzestatue des
hölzernen Pferdes von Antiphanes aufgestellt[2] aus Anlaß eines 414 v. Chr. erfolg-
ten Sieges über die Spartaner.

Nur wenig vorher muß die von Strongylion für die Akropolis von Athen geschaffene Erzstatue des hölzernen Pferdes (Paus. I 23, 8) entstanden sein. Sie wird
in den 414 v. Chr. aufgeführten ›Vögeln‹ des Aristophanes bereits erwähnt und
wird kurz vorher entstanden sein. Vier von den ursprünglichen sechs Blöcken der
Basis sind erhalten und liegen noch auf der Akropolis. Aus ihnen ergibt sich, daß
das Werk zweieinhalbfache Lebensgröße hatte. Nach Pausanias (I 23, 8) kamen
aus seinem Rücken Menestheus, Teukros und die Söhne des Theseus hervor.
Durch die Anwesenheit der Theseus-Söhne gewann das Werk für Athen politische
Bedeutung in dem Anspruch auf die Beteiligung an dem Sieg in Troja. Vielleicht
war dieses Werk der Anlaß zu der argivischen Weihung.

Drei attisch-rotfigurige Vasenbilder, in denen Athene an der Schaffung einer
Pferdestatue beteiligt ist, müssen nicht notwendigerweise etwas mit dem hölzernen Pferd zu tun haben.

Im 5. Jh. v. Chr. setzt auch die Reihe der Gemmen mit diesem Thema ein. Die

[2] Paus. X 9,12. – RE Suppl. IV 1221. – Lippold, Griech. Plastik 217.

Abb. 20   Berlin. Sarkophag.

früheste ist etruskisch und befindet sich in New York. Eine große Luke ist in dem Pferd zu sehen, und rings um das Pferd bewegen sich mehrere gerüstete Krieger, die offenbar eben dem Pferd entstiegen sind. Dazu leuchtet die Mondsichel in Übereinstimmung mit Arktinos, nach dem die Tat in der Nacht begangen wurde.

Auf zwei weiteren Gemmen hat das Pferd eine große Luke im Bauch, und man sieht Krieger, die auf einer Leiter herausklettern.

Aus dem 4. Jh. v. Chr. ist keine Darstellung bekannt, aber im Hellenismus gibt es wieder mehrere. Die bedeutendste findet sich auf einem Reliefbruchstück aus Pergamon. In ihm ist uns die einzige Wiedergabe der Anfertigung des Pferdes erhalten. Mehrere Handwerker arbeiten an einzelnen Teilen des Pferdes, und Athene am linken Rand führt die Aufsicht.

Auf einer etruskischen Urne sieht man das Pferd, eine Treppe und einen Krieger.

Abb. 19   Dazu kommen mehrere Reliefgefäße, so ein Berliner Reliefbecher mit dem mit Binden geschmückten Pferd und einem Krieger in seiner offenen Luke. Ein Gefäß in Saloniki gibt das Pferd bei einem Tempel rings umgeben von Szenen der ›Iliupersis‹ wieder. Auf einem Bruchstück von einem Reliefbecher ist ein Stück von einem Pferdebein mit Rad und Leiter erhalten.

Die folgenden Denkmäler gehören der römischen Kunst an. In der Malerei der Vesuvstädte kommt das Thema dreimal vor, davon sind zwei Bilder Repliken. Vor dem Ida sieht man die Stadt Troja liegen. Es ist mondhelle Nacht. Die Trojaner sind mit Fackeln ausgerüstet, und sie ziehen das Trojanische Pferd. Auch auf dem dritten Bild ist das Ziehen des Pferdes wiedergegeben. Es ist somit in den Gemälden ein Augenblick wiedergegeben, den wir aus der griechischen Kunst nicht kennen. Dies gilt auch für eins der beiden aus Rom stammenden Gemälde. Das späteste römische Gemälde befindet sich auf einem aus der Mitte des 3. Jh. n. Chr. stammendem Holzschild aus Dura-Europos, ebenfalls mit dem Ziehen. In der Kaiserzeit kommt das Thema außer in der Malerei vor allem auf Reliefs vor. Auf der ilischen Tafel im Kapitol[3] ziehen zwölf Männer das Pferd; auf einer anderen[4] steht das Pferd in einem Hof, ein Krieger steigt auf einer Leiter heraus.

[3] Sadurska Nr. 1 Taf. 1.
[4] Sadurska Taf. 2.

Sogar auf einem Gandhara-Relief ist das Thema belegt. Kassandra ist in indischer Tracht dargestellt. Laokoon stößt seinen Speer in das Pferd im Sinne von Vergil (Aen. II 50–53), und Sinon schiebt das Pferd vorwärts. Dreimal gibt es das Thema auf Sarkophagen. Einmal steht das Pferd vor der Stadtmauer, und in der geöffneten Luke kommt ein Grieche zum Vorschein. Auf den beiden anderen Sarkophagen wird das Pferd von Trojanern gezogen.   Abb. 20

In der Kaiserzeit ist also das Thema sehr lebendig, räumlich bis nach Indien hin und zeitlich bis in das 3. Jh. Meist wird das vorher nicht wiedergegebene Ziehen des Pferdes in die Stadt dargestellt.[5]

---

[5] Daß das Thema auf Münzen vorkommt, wie B. Andreae, Studien zur römischen Grabkunst 125 f. Anm. 45 behauptet, trifft nicht zu. Das von ihm zitierte Beispiel ist keine Münze, sondern eine Gemme.

55

DIE EREIGNISSE
NACH DER EINNAHME VON TROJA

Vor der Abfahrt von Troja wollte Agamemnon erst Sühnehekatomben bringen, Menelaos aber wollte gleich abfahren. Odysseus fuhr erst ab, kehrte aber dann mit seinen Gefährten von Tenedos um, um den Wunsch des Agamemnon zu erfüllen (Od. 3, 161 ff.). Eine Darstellung der Fahrt hat sich nicht erhalten.

KIKONEN

Das erste Erlebnis auf der Heimfahrt des Odysseus ereignete sich bei den Kikonen, einem thrakischen Stamm, der im Krieg auf Seiten der Trojaner gestanden hatte (Il. 2, 846; 17, 73).

Odysseus wurde dorthin, nach Ismaros, vom Wind vertrieben. Er zerstörte die Stadt und nahm Beute. Aber seine Gefährten wollten nicht abziehen. Inzwischen riefen die entkommenen Kikonen ihre Landsleute zu Hilfe. Es entspann sich ein neuer Kampf. Von jedem Schiff kamen sechs Gefährten um, bevor es Odysseus gelang, mit den Seinigen zu fliehen (Od. 9, 38–66, 165; 23, 310). Den Apollopriester Maron mit seiner Familie hatte Odysseus verschont und dafür Gaben und Wein erhalten (Od. 9, 197–211), mit dem er später den Polyphem trunken machte.

Taf. 10   Auf einem in Lipari gefundenen rotfigurigen Kelchkrater ist Maron in orientalischer Tracht mit skythischer Mütze und langen Hosen dargestellt, wie er dem Odysseus einen Weinschlauch überreicht. Odysseus trägt eine Lanze, einen Pilos, Stiefel und einen riesigen Bart. Dabei stehen die Personifikationen Opora und Ampelis. Alle Gestalten sind mit ihren Namen bezeichnet. Das Bild macht den Eindruck, als ob es durch die Bühne beeinflußt wäre.[1] Dieser sind dann auch die beiden bei Homer nicht vorkommenden Personifikationen zuzuschreiben. Das Vasenbild ist die einzige bisher bekannte Wiedergabe der Sage. Es ist aber denkbar, daß das Thema zu dem verlorenen Teil der Odysseefresken vom Esquilin gehörte.

Von dem Kampf mit den Kikonen gibt es keine Darstellung.

---

[1] Webster-Trendall, Illustrations 114.

LOTOSESSER

Was von den Lotosessern dereinst die Alten erzählten,
ist keine Lüge; dies Bad zeugt von der Wahrheit des Worts:
Wer in den lauteren Wassern nur einmal gebadet, der sehnt sich
nicht nach der Heimat, der will nicht zu den Eltern zurück.
Anth. Gr. IX 618   Anonym

Odysseus umfuhr Maleia, wurde an Kythera vorbei verschlagen und kam von dort am zehnten Tag in das Land der Lotosesser. Odysseus entsandte zwei Mann und einen Herold. Die Einwohner gaben seinen Gefährten Lotos zu essen, welches die Heimkehr vergessen macht. Mit Gewalt brachte Odysseus die Gefährten auf die Schiffe und ruderte fort (Od. 9, 64–105; 23, 311). Es hat sich keine antike Darstellung dieses Abenteuers erhalten.

KYKLOPEN. POLYPHEM

Trinken will ich, Lenaios, wie selbst der Kyklop nicht getrunken,
als er mit Menschenfleisch scheußlich den Bauch sich gefüllt.
Trinken will ich! – O könnte ich Philipps Schädel zerschmettern
und aus zerschlagenem Kopf schlürfen sein ruchloses Hirn,
ihn, der beim Becher das Blut des eigenen Gefährten gekostet
und in den heiligen Wein mordend den Gifttrank getropft.
Anth. Gr. IX 519   Alkaios von Messene

Von den Lotosessern kam Odysseus zu den Kyklopen,[1] die satzungslos sind, weder säen noch pflügen, noch Schiffe besitzen und die in Höhlen wohnen. Odysseus ließ seine übrigen Schiffe zurück, fuhr mit seinem eigenen Schiff hin und ging mit zwölf Gefährten in die Höhle des Polyphem, des Sohnes von Poseidon und der Nymphe Thoosa, der Tochter des Phorkys. Polyphem hatte die stärkste Gewalt unter den riesigen Kyklopen. Als er nach Hause kam, verschloß er die Tür mit einem riesigen Fels und fragte die Gefährten, wer sie seien. Odysseus bat um ein Gastgeschenk. Polyphem erwiderte, daß die Kyklopen sich nicht um Zeus und die Götter kümmerten. Er ergriff zwei Gefährten und aß sie zum Nachtmahl und zwei weitere zum Frühstück, trieb das Vieh aus der Höhle und verschloß sie wieder. Odysseus nahm den Stamm eines Ölbaumes, der in der Höhle lag, ließ ihn von den Gefährten glätten und spitzte ihn an. Dann ließ er vier Gefährten erlosen, die mit ihm den Pfahl in das Auge des Polyphem bohren sollten. Der Kyklop aß zum Nachtmahl wieder zwei Gefährten. Odysseus bot ihm Wein an.[2] Der Kyklop trank und fragte Odysseus nach seinem Namen. Odysseus nannte sich „Niemand".[3] Als der Kyklop trunken in Schlaf gefallen war, hoben die Gefährten den

[1] Od. 9, 166–566.
[2] 345–363.
[3] 364–370.

Pfahl aus der Glut, stießen ihn in das Auge von Polyphem und Odysseus drehte ihn.[4] Polyphem rief die anderen Kyklopen zu Hilfe. Sie fragten ihn, was geschehen sei. Er antwortete: Niemand sucht mich zu ermorden. Darauf antworteten sie, wenn niemand ihm Gewalt antäte, möge er zu seinem Vater Poseidon beten und gingen wieder fort.[5] Odysseus band je drei Schafe zusammen und unter jeweils das mittlere einen Gefährten. Er selbst hängte sich unter den größten Widder. Der Kyklop ließ die Schafe hinaus und befühlte ihren Rücken, bemerkte aber nicht die Gefährten. Als sie sich etwas von der Höhle entfernt hatten, löste Odysseus die Gefährten und sie trieben die Schafe zum Schiff.[6] Von dort höhnte Odysseus den Polyphem.[7] Dieser warf einen Fels nach dem Schiff. Odysseus rief noch einmal und teilte seinen Namen mit. Da klagte Polyphem, daß ihm dies geweissagt worden sei, er aber unter Odysseus einen großen Mann erwartet habe. Polyphem betete zu Poseidon, daß Odysseus nicht nach Hause kommen möge oder erst spät und nach Verlust aller Gefährten und er zu Hause noch Leiden finden möge. Er warf einen weiteren Fels, dessen Woge das Schiff zum anderen Ufer, zu den Gefährten trug.[8] Von den getöteten Gefährten wird einer mit Namen genannt: Antiphos.[9]

Vom Abenteuer mit Polyphem[10] hat die antike Kunst vier aufeinanderfolgende Phasen dargestellt: Die Becher-Reichung an Polyphem, die Ausbohrung seines Auges, die Flucht unter den Schafen und die Verhöhnung des Polyphem vom Schiff aus. Die Darstellung jeder dieser vier Phasen hat durchaus nicht dieselbe Geschichte und Häufigkeit.

Becher-Reichung

Taf. 23   Die einzige sichere archaische Darstellung findet sich auf einer in der Mitte des 6. Jh. v. Chr. entstandenen attisch-schwarzfigurigen Knopfhenkelschale in Boston. Der riesige Polyphem ist, um ihn ganz unterzubringen, kniend wiedergegeben. In dieser Haltung ist er so groß wie die stehenden Griechen. In ganz ungewöhnlicher Weise ist sein Bauch bunt bemalt, um sein schreckliches Aussehen zu zeigen. Offenbar hielt er in den Händen ein Trinkgefäß. Vor ihm steht Odysseus, der in der Linken eine Kanne zum Einschenken trägt. Hinter Polyphem hält ein Gefährte des Odysseus einen von Homer erwähnten Weinschlauch. Hinter ihm folgen noch zwei weitere Gefährten. Rechts hinter Odysseus steht die von Homer in diesem Zusammenhang nicht erwähnte Athena. Es folgt ein weiterer Gefährte. Dieses Vasenbild ist für einen langen Zeitraum die einzige sichere Wiedergabe der Sage.

[4] 375–398.
[5] 398–414.
[6] 424–465.
[7] 475–566.
[8] Od. 1, 68–75; 6, 5; 7, 206; 9, 105–554; 10, 200, 435; 12, 209; 20, 19; 23, 312.
[9] Od. 2, 19.
[10] Zum vorgriechischen Polyphem: M. Knox, JHS 99, 1979, 164 f.

Abb. 21   Florenz. Urne.

Abb. 22   Berlin. Lampe.

Abb. 23 Neapel. Sarkophag.

Man hat Polyphem in diesem Zusammenhang auch auf einem Tübinger Kannenbruchstück vermutet. Aber die Gestalt befindet sich rechts am Höhlenrand, also abgewandt von den bei dieser Deutung zu vermutenden Odysseus mit Gefährten.

Außerhalb der Vasenmalerei hat man das Thema ferner auf einem schlecht erhaltenen Schildband in Olympia angenommen. Wenn allerdings zugunsten dieser Deutung angeführt wurde,[1] daß das unmittelbar anschließende Bildfeld ebenfalls eine Szene aus den Polyphemabenteuern wiedergebe, so spricht das Argument allerdings gerade gegen die Deutung, denn auf den zahlreichen Schildbändern folgen nie zwei Bilder aus dem gleichen Sagenkreis aufeinander.

Aus der Klassik kennen wir das Thema überhaupt nicht. Erst im Hellenismus taucht es wieder auf. Es muß damals mehrfach in der Großplastik behandelt worden sein.[2] Eine solche Gruppe muß, wie wir einer alten Beschreibung entnehmen, noch im 12. Jh. n. Chr. in Konstantinopel gestanden haben. Mehrere römische

[1] Fellmann, Die antiken Darstellungen des Polyphemabenteuers 22.
[2] Robert, Die antiken Sark. Rel. II (1889) 160. – Amelung, Vat. Kat. I (1903) 792. – Mül-

Kopien von einzelnen Gestalten solcher Gruppen geben uns noch eine schwache Vorstellung. Eine Gruppe in Selcuk scheint die Becher-Reichung mit der Blendung verbunden zu haben. Außerdem sind Nachklänge in Bildern auf mehreren Gemmen, Lampen, Terra-sigillata-Fragmenten, Urnen und Sarkophagen. Zwei Mosaiken, eins aus der Domus aurea und ein spätes aus Piazza Armerina, das vielleicht auf dasselbe Vorbild zurückgeht, kommen hinzu. Man darf annehmen, daß das Thema auch auf den Odysseefresken des Vatikans vorkam.[3] Abb. 21, 22, 23 Taf. 12

Eine Statue im Vatikan und eine römische Kleinbronze in Privatbesitz stellen Odysseus mit dem Becher dar. Sicher stammen sie von einer Gruppe der Becher-Reichung. Die Sage läßt sich also in der bildenden Kunst von der Mitte des 6. Jh. v. Chr. bis zum Ende des 3. Jh. n. Chr., also über achteinhalb Jahrhunderte hin, allerdings unter Ausschluß der Klassik, feststellen. Taf. 11, 22c

Blendung

Auf die Becher-Reichung mit dem Ziel, Polyphem trunken zu machen, folgt die Blendung. Dieses Thema hat die bildende Kunst schon sehr früh zur Darstellung gereizt. Mehrere Bilder, die noch aus dem 7. Jh. v. Chr. und aus verschiedenen Gegenden Griechenlands stammen, sind bekannt. Damit gehört diese Sage zu den am frühesten und am meisten verbreiteten griechischen Sagen überhaupt.

Die älteste Darstellung befindet sich wohl auf der frühattischen Amphora in Eleusis. Der riesige Polyphem sitzt an den rechten Bildrand angelehnt. Er hält in der Rechten noch den Becher in dem Augenblick, in dem ihm drei Gestalten den hoch erhobenen Pfahl ins Auge stoßen. Er brüllt mit weit geöffnetem Mund. Beim vordersten der drei Griechen ist nur der Umriß gezeichnet, der Körper innen nicht mit Farbe gefüllt. Man hat gemeint, daß dadurch Odysseus von seinen zwei Gefährten, die hier statt der homerischen vier wiedergegeben sind, unterschieden werden sollte, aber vielleicht handelt es sich nur um ein Versehen, das die Ausfüllung vergessen ließ. Taf. 13

Bereits in diesem ersten Bild hat die bildende Kunst den Typus des waagrechten Stoßes mit dem Pfahl gefunden, den sie fast ausnahmslos beibehalten sollte im Unterschied von Homer, bei dem Polyphem trunken flach auf den Boden fiel und der Stoß also von oben erfolgen mußte.

Ebenfalls in das zweite Viertel des 7. Jh. v. Chr. gehört das einheimische Kraterfragment in Argos, bei dem zwei Männer den hoch erhobenen Pfahl dem blutbespritzten Polyphem ins Auge bohren. Von einem dritten Griechen sind Reste erhalten und mehr waren wohl auch nicht dargestellt. Die Zahl entspricht also der auf der attischen Vase. Das Auge des Polyphem ist bereits zerstört und Blut fließt über Kopf und Hals. Der Riese streckt die Zunge aus dem Mund. Der vorderste Taf. 14a

ler, Odyssee-Illustrationen (1913), 15. 22. – Hafner in Ganymed (1949) 45–48. – Bieber, Sculpture ²(1961) 100. – Fuchs in Helbig I⁴ (1963) 282.
[3] Verf., RM 81, 1974, 320f.

Abb. 24   New York. Aryballos.

Grieche ist kleiner wiedergegeben als die beiden anderen. Es wird also in ihm wohl nicht Odysseus gemeint sein.

Taf. 15 In der Mitte des 7. Jh. v. Chr. hat ein gewisser Aristonothos einen Krater bemalt, wahrscheinlich im Fundort Caere. Dieses Bild hält sich am meisten von allen erhaltenen an den Text Homers: Odysseus und vier mit Schwertern bewaffnete Gefährten bohren das stark blutende Auge aus. Odysseus stößt sich als letzter vom Gefäßrand ab, um dem Pfahl Schwung und Drehung zu verleihen. Vom Inventar der Höhle ist die Käsedarre wiedergegeben. Polyphem ist nicht so groß, wie auf den beiden früheren Bildern, aber doch merklich größer als Odysseus und seine Gefährten.

Abb. 24 Ein korinthischer Aryballos, der aus dem zweiten Viertel des 6. Jh. v. Chr. stammt, zeigt den riesigen sitzenden Polyphem, dem vier Griechen den Pfahl ins Auge bohren.

Wenig später ist ein chalkidischer Skyphos geschaffen worden, auf dem ebenfalls vier Griechen den Polyphem mit dem hoch erhobenen Pfahl blenden. Ebenfalls chalkidisch ist eine Londoner Halsamphora, auf der drei Griechen, die wie bei Aristonothos mit Schwertern bewaffnet sind, dem Polyphem den hoch erhobenen Pfahl ins Auge stoßen. Dabei stemmt sich der vorderste mit dem ausgestreckten linken Fuß gegen die Brust des Polyphem.

Etwa gleichzeitig ist eine lakonische Schale, auf der vier Griechen gegen Polyphem angehen. Von ihnen ist der letzte bärtig, also wohl Odysseus. Der erste reicht dem Ungeheuer den Becher. Polyphem hält die Schenkel von verzehrten

Abb. 25   Rom, Villa Giulia. Hydria.

Odysseusgefährten in den Händen. Es sind hier also mehrere, eigentlich aufeinanderfolgende Phasen in einem Bild vereint.

    Auch auf einer Caeretaner Hydria gleicher Zeit sind es vier Griechen, die Poly-   Abb. 25
phem blenden. Dieser hält in der Rechten einen Trinkbecher.

    Eine kampanisch-schwarzfigurige Halsamphora aus dem frühen 5. Jh. stellt das Thema abweichend von der Bildtradition dar. Polyphem hält einen Arm und ein Bein in den Händen und hinter ihm brennt ein Odysseusgefährte im Feuer, dem diese Glieder fehlen; ein weiterer läuft davon. Nur zwei haben den Pfahl gefaßt und rennen mit ihm an, aber sie halten ihn in Brusthöhe des Kyklopen.

    Damit ist die Sage für die archaische Zeit in der Vasenmalerei außer für Attika auch für Argos, Sparta und Korinth, für Caere (Cervetri), Kampanien und die ebenfalls in Italien liegende Heimat der chalkidischen Vasen belegt. Sie fehlt also bisher bei den Vasen nur aus dem griechischen Osten. Es wird sich aber bei einer anderen Denkmälergattung zeigen, daß die Sage auch dort bekannt war.

    In Attika sind erst nach einer Pause von anderthalb Jahrhunderten nach der eleusinischen Amphora wieder zwei Vasenbilder erhalten. Auf der schwarzfigurigen Oinochoe des Louvre sind zwei aufeinanderfolgende Szenen dargestellt: Odysseus glüht den Pfahl im Feuer und rechts davon stoßen ihn zwei Griechen dem Polyphem in das Stirnauge. Das sichtbare linke Auge ist zum erstenmal im Schlaf geschlossen.

    Auf dem gleichzeitigen Berliner Skyphos stoßen drei Griechen dem liegenden   Taf. 14b
Polyphem in sein rechtes Auge.[4] Mit diesen beiden Bildern enden die Darstellungen aus der attischen Vasenmalerei. Aus dem 5. Jh. ist keine mehr erhalten. Es ist also bei der Bildgeschichte der Blendung ähnlich wie bei der Becher-Reichung ein Aussetzen während der Klassik zu beobachten.

    Die einzige Ausnahme in diesem Zeitraum bildet der nicht attische, sondern ita-   Taf. 16
lische Kelchkrater in London, der deutlich auf das Satyrspiel ›Kyklops‹ des Euripides zurückgeht, wie die anwesenden Silene zeigen. Odysseus, durch seinen Pilos kenntlich, lenkt den Vorgang, nimmt aber nicht selbst an ihm teil. Der schlafende Polyphem hat im Unterschied zu Homer drei Augen. Drei Gefährten heben den

---

[4] O. Touchefeu-Meynier, Les Themes odysseens 19, 75 hält die Brustwarze für ein „oeil pectoral", S. 283 für ein 'oeil magique'.

Pfahl, um ihn von oben, dem Text Homers entsprechend, in das Auge zu bohren. Das Vasenbild ist um 410 v. Chr. entstanden, also in der gleichen Zeit, für die die Aufführung des euripideischen Satyrspieles ›Kyklops‹ angenommen wird. Außerhalb der Vasenmalerei stellt ein Bronzerelief, das in Samos gefunden wurde und sicher auch dort entstanden ist und das in das dritte Viertel des 7. Jh. v. Chr. datiert wurde, das Thema dar. Erhalten sind allerdings nur zwei Griechen mit erhobenem Pfahl, aber das Thema ist dadurch auch für Samos gesichert. Ob es auch auf den Schildbändern von Olympia vorkam, wie vermutet wurde,[5] muß zweifelhaft bleiben. Damit sind alle Darstellungen bis zum Ende der Klassik erwähnt. Im Hellenismus entsteht, wie es auch schon bei der Becher-Reichung zu beobachten war, neues Interesse an dem Thema.

Aus Etrurien sind einige Beispiele zu nennen. An erster Stelle ein Wandgemälde aus einem Grab. Hier führt der inschriftlich bezeichnete Odysseus den Pfahlstoß aus. Auf einer etruskischen Urne liegt Polyphem mit zwei normalen Augen. Vier Gefährten stoßen, dem Text Homers entsprechend, den Pfahl. Aber im Unterschied zu Homer nimmt Odysseus nicht persönlich daran teil.

Taf. 17, 18   Reste einer großplastischen Gruppe, die sich teilweise mit Hilfe eines Sarkophagreliefs in Catania, das die gleiche vielfigurige Gruppe kopiert, ergänzen läßt, sind in Sperlonga erhalten. Eine weitere kam vielleicht im Fund von Antikythera vor.[6] In das 1. Jh. n. Chr. wird ein Elfenbeinkamm datiert, auf dem zwei Gefährten, dazu der an seinem Pilos kenntliche Odysseus an der Spitze den Stoß ausführen. Ein Weinschlauch liegt am linken Rand.

Homer erwähnt nicht ausdrücklich, daß Polyphem nur ein einziges Auge hat, aber er setzt dies voraus, denn nach einem einzigen Pfahlstoß ist der Kyklop blind. Für die Vasenmaler bestand das Problem, das eine Auge darzustellen, meist nicht, da sie den Kopf des Polyphem im Profil wiedergaben, wo ohnehin nur ein Auge sichtbar war. Dies sitzt in allen archaischen Bildern an seiner natürlichen Stelle. Aber wo einmal ein Kopf in Vorderansicht erscheint,[7] da sind in naiver Weise zwei Augen dargestellt.

Ein einziges Stirnauge ist zum erstenmal auf einem um 410 v. Chr. entstandenen
Taf. 16   Krater[8] zu sehen. Von da an begegnet es in der hellenistischen und römischen Kunst oft. Daneben verschwinden die menschlichen Augen, wie beim etruskischen Gemälde der Tomba dell'Orco, kommen aber in späterer römischer Zeit wieder vor.[9] In einem Bostoner Kopf[10] sitzt das Auge an der Nasenwurzel zwischen den beiden Augenhöhlen.

---

[5] Fellmann a. O. Abb. 7 BL 8. – Dagegen Schweitzer, RM 62, 1955, 96 Anm. 97.

[6] Bol, Die Skulpturen des Schiffundes 106 Anm. 236. – Zur Gruppe in Ephesos: Andreae in Festschrift Brommer 1–12. Ders., Odysseus 69–90.

[7] VL³ 436 A 3, im folgenden nur noch mit Nr.

[8] 437 D 1.

[9] Mosaik von Piazza Armerina und Sarkophagfr. Neapel 148 ASR II Taf. 53.

[10] 63. 120. Fellmann V 7.

Flucht

Die früheste Darstellung der Flucht befindet sich auf einer attischen Kanne in Taf. 19
Aegina, die aus dem zweiten Viertel des 7. Jh. v. Chr. stammt, wie die früheste
Wiedergabe der Blendung. Dargestellt sind drei Griechen, die sich je am Horn
eines Widders festhalten, ohne sichtbar an seinem Leib befestigt zu sein. Davon,
daß Odysseus bei Homer jeweils drei Widder mit Ruten zusammengebunden hat,
von denen der mittlere einen Mann trug, und daß er selber sich in das Fell des größten Widders hängte, hat der Vasenmaler keine Notiz genommen und auch kein
Künstler nach ihm. Offenbar ist es zu schwierig erschienen, die jeweils drei zusammengebundenen Widder wiederzugeben.

Das zeitlich nächste attische Vasenbild ist erst ein Jahrhundert später entstanden. Es ist ein Bruchstück vom Rand eines Volutenkraters der Sammlung Cahn in Taf. 20a
Basel. Gemalt hat es kein Geringerer als Klitias. Links sieht man den Rand der
Höhle. Davor hockt der riesige Polyphem mit langem Haar und geblendetem
Auge. Er ist am ganzen Körper behaart und streckt seine Arme aus. Vor ihm ist gerade noch das Hinterteil eines Widders erhalten mit den Füßen eines Menschen
darunter. Er trägt die Namensbeischrift Olyteus. Ganz dem Text Homers entsprechend, verläßt der Held als letzter die Höhle. Vor ihm war noch Platz für vier
oder fünf Gefährten.

Unter den übrigen mehr als vierzig attisch-schwarzfigurigen Darstellungen, die Taf. 20b
sich meist über die zweite Hälfte des 6. Jh. v. Chr. verteilen, sieht man gelegentlich Stricke, mit denen die Gefährten festgebunden sind.[11] Manchmal greifen die
Gefährten mit ihren Händen den Rücken des Widders.[12] Auf Kannen sieht man
öfter einen Widder aus der Höhle kommen und rechts den mit einer Keule sitzenden Polyphem, der ihn erwartet,[13] dasselbe auch einmal seitenverkehrt[14] und auf
einer Lekythos.[15] Polyphem ist auch auf einer Schale[16] anwesend. Einmal liegt ein
Grieche sinnloserweise auf dem Widder.[17] Eine Besonderheit bietet die Lekythos
in Oxford,[18] bei der Polyphem wieder rechts sitzt, während zwei Widder mit den
Gefährten unter ihnen herauskommen und ein dritter, dabeistehender Grieche,
offenbar Odysseus, mit waagrecht gehaltener Lanze den Vorgang lenkt. Einmal[19]
ist Hermes dabei. Die insgesamt nur fünf attisch-rotfigurigen Darstellungen gehören alle der archaischen Zeit an. Auch bei dieser Sage fällt also die Klassik aus.

Auf einer rotfigurigen Schale der Villa Giulia ist ein bärtiger Grieche mit dreifa Abb. 26
cher Umschnürung am Widder festgebunden. Er hält in der Rechten das Schwert,

[11] A 15, 29, 30, 32.
[12] A 2, 14, 15, 17, 27, 28.
[13] A 3–7, 10, 11.
[14] A 12.
[15] A 24.
[16] A 30.
[17] A 8.
[18] A 23.
[19] Fellmann FL 42.

Abb. 26   Rom, Villa Giulia. Schale.

wie offenbar immer auf den rotfigurigen Vasen der Sage. Mit der Linken umklammert er den Hals des Widders. Auf einer Schale des gleichen Museums sind außer dem schwerthaltenden Bärtigen noch zwei Gefährten jeweils unter einen Widder gebunden. Dabei fassen die Arme mit zusammengebundenen Handgelenken um den Hals des Tieres. Polyphem sitzt am rechten Rand. Odysseus befindet sich also, entgegen dem Text Homers, unter dem ersten Widder. Auf einem Schalenbruchstück von der Akropolis ist der schwerthaltende bärtige Odysseus nicht am ersten Widder befestigt. Es befindet sich noch mindestens ein weiterer vor ihm.

Den Beschluß machen eine Pelike in Boston mit dem schwertbewehrten Odysseus und ein Stamnos in Texaner Privatbesitz.[20] Auf diesem schiebt Polyphem mit blutendem Auge das Felsentor der Höhle auf. Zwei Widder kommen heraus. Odysseus mit gezogenem Schwert ist am hinteren Widder festgebunden und namentlich bezeichnet. Die Inschrift ist die früheste attische, die den Namen mit Delta wiedergibt, und die einzige attische, die ihn mit dem später kanonischen zwei Sigma in der Mitte schreibt.[21] Sein Gefährte heißt Idomeneus mit einem Namen, der als der eines Führers der Kreter öfter in der ›Odyssee‹ vorkommt.

Taf. 20a Die außerattischen Vasenbilder – nur zwei an der Zahl – reichen zeitlich nicht so weit hinauf wie die attischen. In der Mitte des 6. Jh. v. Chr., gleichzeitig mit dem Klitiasbruchstück, ist ein korinthisches Kraterbruchstück entstanden mit dem

[20] Greifenhagen, Pantheon 1982, 211–217.
[21] Brommer, Ztschr. f. vergleich. Sprachforschung 96, 1982/3, 88–92.

Vorderteil eines Widders und dem Oberkörper eines Griechen unter ihm und davor dem Unterkörper des stehenden Polyphem, der offenbar den Rücken des Widders abtastet. Auf einer etruskisch-schwarzfigurigen Bauchamphora des späteren 6. Jh. v. Chr. ist ein Grieche wiedergegeben, der mit zwei Stricken unter einen Widder gebunden ist und sich mit den Armen um den Leib des Tieres klammert.

Auch bei den außerattischen Vasen fällt die Klassik aus. Von der unteritalischen Vasenmalerei hat sich kein einziges Bild des Themas erhalten.

Die Darstellungen außerhalb der Vasenmalerei reichen ebenfalls in das 7. Jh. v. Chr. hinauf.

Die frühesten sind etruskisch und befinden sich auf zwei Elfenbeinpyxiden. Um 600 v. Chr. ist ein Dreifußbein in Olympia entstanden, das einen Gefährten unter dem Widder in Relief wiedergibt.

Aus dem 6. Jh. v. Chr. stammt eine Bronzeapplik in Delphi sowie Bronze- und Terrakottastatuetten, eine Ton-Arula in Sizilien, ein Tonreliefbruchstück in Sparta. Bis zum 6. Jh. ist die Sage also bekannt in Attika, Etrurien, Korinth, Sparta, Delphi und Sizilien.

Auch außerhalb der Vasenmalerei fällt die Klassik in den Darstellungen aus. Die Bilder setzen erst wieder im Hellenismus ein. Zu nennen ist eine etruskische Urne, wo die Becher-Reichung mit der Flucht verbunden ist, sowie Reliefgefäße.

Aus der Kaiserzeit sind freiplastische Marmorkopien von Odysseus mit Pilos unter dem Widder erhalten, ein Mosaik, auf dem Polyphem einen Widder abtastet, sowie an die 30 Tonlampen und schließlich nach 410 n. Chr. geprägte Kontorniaten.

Abb. 27   Leiden. Urne.

Verhöhnung

Abb. 27
Taf. 22a
Dies Thema ist offenbar in der archaischen und klassischen Kunst nicht dargestellt worden. Das früheste Denkmal mit dem Thema ist eine etruskische Urne. Es folgen Terra-sigillata-Bilder und ein Gemälde aus Boscotrecase. In allen Bildern schleudert Polyphem einen Fels.

Das Polyphemabenteuer zeichnet sich dadurch aus, daß in der bildenden Kunst nicht weniger als vier Phasen dargestellt wurden: Die Becher-Reichung, Blendung, Flucht und Verhöhnung. Weiter dadurch, daß es früher dargestellt wurde als die meisten bildlichen Themen, die wir kennen. Schließlich deswegen, weil es im 7. Jh. v. Chr. in mehr Gegenden als irgendeine andere Odysseus-Sage dargestellt wurde (Athen, Argos, Samos, Italien), wobei sich die Zahl der Bilder, Landschaften und Episoden (Becher-Reichung) im 6. Jh. v. Chr. noch erweitert (Böotien, Korinth, Sparta, caeretanische und chalkidische Vasengattung). Schließlich dadurch, daß die Sage noch in der Kaiserzeit wiedergegeben wurde.

AIOLOS

Einst war ein Schlauch voller Winde Odysseus gegeben auf seiner Fahrt auf dem Meer; das war wirklich was Großes für ihn...
Anth. Gr. IX 484   Palladas

Von den Kyklopen kam Odysseus zur Insel des Aiolos, eines Sohnes des Hippotes, eines Freundes der Götter. Dort blieb er einen Monat als Gast. Zum Abschied gab Aiolos, den Zeus als Verwalter der Winde eingesetzt hatte, dem Odysseus einen ledernen Schlauch mit, in dem die Winde eingeschlossen waren, und ließ den Westwind blasen. Am zehnten Tag kamen sie in Sichtweite der Heimat, da schlief Odysseus ein, und die Gefährten öffneten aus Neugierde den Schlauch. Die losgelassenen Winde trieben Odysseus zu Aiolos zurück. Odysseus bat wieder um Hilfe, aber Aiolos jagte ihn als einen den Göttern Verhaßten davon.[1]

Der Aufenthalt des Odysseus bei Aiolos und die Entfesselung der Winde durch die Gefährten sind in der antiken Kunst nur sehr selten dargestellt worden und in der Vasenmalerei überhaupt nicht bekannt.

Taf. 24a
Unter den Odysseefresken vom Esquilin sieht man auf dem ersten Lästrygonengemälde links oben Winde fliegen. Da das Lästrygonenabenteuer sich unmittelbar an das bei Aiolos anschloß, ist zu vermuten, daß die Winde mit zu dem links an die Lästrygonen anschließenden Gemälde gehörten und daß in diesem verlorenen Bild die Aiolossage dargestellt war.[2]

[1] Od. 10, 1–76; 23, 313.
[2] Woermann, Die ant. Odysseelandschaften (1870) 5 und Müller, Odyssee-Illustrationen (1913) 145. – 1964 wurde in Lipari, einer der nach Aiolos benannten Äolischen Inseln, eine

Auf dem Panzer der Odysseusstatue aus der Agora in Athen sind in Relief Abb. 44
Skylla, drei Sirenen und die Köpfe von Polyphem und Aiolos, jedenfalls von einem unbärtigen Wesen, aus dessen Mund ein Wasser- oder Windstrom kommt, wiedergegeben.
Auf einer ilischen Tafel im Vatikan sollen Aiolos und Odysseus beim Einbinden der Winde und die Gefährten beim Losbinden dargestellt sein. Das Relief ist aber kaum zu erkennen.
Während diese drei Wiedergaben der Kaiserzeit angehören, stammt eine etruskische Gemme wohl bereits aus dem 4. Jh. v. Chr. Auf ihr tritt ein Mann auf einen Weinschlauch, aus dem der Kopf eines Windgottes kommt. Man wird in dem Mann eher einen Gefährten des Odysseus als diesen selbst erkennen. Die Gemme zieht eine weitere, ebenfalls im Cabinet des Médailles, nach sich, auf der ein Mann mit Weinschlauch, also vielleicht dasselbe Thema, dargestellt ist.
Von den wenigen Wiedergaben der Sage ist also keine vor dem 4. Jh. v. Chr. entstanden, die Mehrzahl erst in der Kaiserzeit. Eine Bildtypologie hat sich bei den wenigen Bildern nicht entwickelt.

Lästrygonen

Am siebenten Tag kam Odysseus nach Telepylos, der Stadt des Lästrygonenkönigs Lamos. Die Schiffe ankerten im Hafen, nur das Schiff des Odysseus vor dem Hafen. Odysseus entsandte zwei Boten und einen Herold. Diese trafen die Tochter des Lästrygonen Antiphates beim Wasserholen. Diese wies sie in das Haus ihres Vaters. Der packte einen Gefährten und tötete ihn. Er rief die anderen Lästrygonen, die zu Tausenden kamen und mit Steinen die Schiffe zerschmetterten. Odysseus gelang es, mit seinem Schiff zu fliehen. Alle anderen gingen zugrunde (Od. 10, 80–134; 23, 318).
Von dem Abenteuer bei den Lästrygonen ist uns bisher merkwürdigerweise keine einzige Darstellung aus der Vasenmalerei bekannt und auch nur eine aus der übrigen Kunst. Auch von inzwischen verlorenen Kunstwerken berichtet die antike Literatur nichts. Das ist um so auffallender, als Odysseus bei keinem anderen Abenteuer so viele Gefährten verlor wie bei diesem.
Die einzige erhaltene Darstellung ist ein Gemäldezyklus vom Esquilin, auf dem Taf. 24a–
sogar vier Phasen des Vorgangs wiedergegeben sind. Die Gestalten sind mit 25b
Namensbeischriften versehen. Es gibt also keine Deutungsschwierigkeiten.
Auf dem ersten Bild nähern sich drei Griechen mit Namen Antilochos, Eurybates und Anchialos, die bei Homer nicht namentlich genannt werden, einer Frau, die mit einem Krug in der Hand vom Berg herabsteigt.
Im zweiten Bild sieht man zwar nicht den Palast mit der Gemahlin des Antipha- Taf. 24b
tes, die die Gefährten trafen, wohl aber ihn selber, den sie gerufen hatte, mit seinen

Opfergrube für Aiolos entdeckt: Bernabo Brea, Boll. d'Arte 50, 1965, 202. – Ders., Il castello di Lipari (1977) 90.

Taf. 25a

Taf. 25b

Lästrygonen, von denen einer zwei Gefährten und ein weiterer im Wasser den dritten gepackt hat.
Das dritte Bild illustriert die Verse 121–124, in denen die Lästrygonen von den Felsen herab Steine auf die Schiffe schleudern. In den anschließenden Versen (125–132) haut Odysseus die Halteseile seines Schiffes durch und entflieht, während die übrigen Schiffe untergehen. Dies ist im vierten Bild dargestellt. Im Vordergrund schleudert ein Lästrygone einen Fels auf einen Griechen. Im Mittelgrund fährt das Schiff, dem der Name Odysseus beigeschrieben ist, davon. Die Gemäldegruppe hält sich also ziemlich eng an den Text Homers. Es wird sich um Kopien nach hellenistischen Gemälden handeln.

KIRKE

Jeden, der Kirke besuchte, verwandelte diese aus einem Menschen zum Schwein oder Wolf; also erzählt uns Homer . . .
Anth. Gr. X 50   Palladas

Von den Lästrygonen kam Odysseus zur Insel Aiaia. Dort wohnte die Göttin Kirke, die Schwester des Aietes, Tochter von Helios und Perse, einer Tochter des Okeanos. Zwei Tage und Nächte lagerten sie am Hafen. Am dritten Tag hielt Odysseus Ausschau und sah Rauch aufsteigen. Auf dem Rückweg von der Erkundung erlegte er einen Hirsch und brachte ihn den Gefährten. Am nächsten Tag sandte er den Eurylochos mit zweiundzwanzig Gefährten aus. Diese kamen zum Haus der Kirke. Polites riet, sie zu rufen. Kirke kam und lud sie ein. Nur Eurylochos blieb, eine Falle befürchtend, zurück. Kirke verwandelte die Gefährten in Schweine. Eurylochos kehrte zurück und berichtete. Odysseus machte sich auf den Weg zu Kirke. Unterwegs begegnete ihm Hermes, der ihm ein Kraut gab und ihm sagte, wie er sich verhalten müsse. Odysseus ging zu Kirke. Diese lud ihn ein und wollte ihn verzaubern. Aber Odysseus war durch das Kraut Moly geschützt. Er griff sie mit dem Schwert an und ließ sie einen Eid schwören, daß sie kein Übel antun wolle. Auf seine Bitte verwandelte sie seine Gefährten wieder zurück. Kirke sandte ihn zum Schiff. Von dort holte er die übrigen Gefährten. Sie blieben ein Jahr bei Kirke. Dann bat Odysseus um seine Entlassung. Kirke sagte ihm, daß er vor der Heimfahrt noch den Hades aufsuchen und was er dort tun müsse. Beim Abschied fiel Elpenor vom Dach und brach sich den Hals (Od. 8, 448; 9, 31; 10, 135–574; 12, 10; 23, 321).

Abb. 28

Die Darstellungen der Sage reichen möglicherweise bis in das späte 8. Jh. v. Chr. zurück. Auf einem Kannenfragment steht ein Mann, der eine Pflanze in der Hand hält, einer Frau gegenüber.[1] Eine Genreszene kann dies nicht sein. So liegt der Gedanke an Odysseus mit dem Zauberkraut Moly und Kirke nahe. Daß

---

[1] Weickert, RM 60/1, 1953/4, 56 ff. – Nicht bei Fittschen, Untersuchungen. – H. von Steuben, Frühe Sagendarstellungen 53 und O. Touchefeu-Meynier, Thèmes Odysséens 82

Abb. 28   Ithaka. Fragment.

Abb. 29   Berlin. Lekythos.

das Bruchstück auf Ithaka, der Insel des Odysseus, gefunden wurde, ist ein gewichtiges Argument für diese Deutung. Freilich klafft zwischen diesem Bild und dem zeitlich nächsten eine große Lücke. Die Episode mit dem Zauberkraut ist nur sehr selten dargestellt worden. Auf einer tabula Odysseaca ist Hermes, der dem Abb. 38
Odysseus das Zauberkraut gibt, wiedergegeben. Bei weiteren Darstellungen ist die Deutung unsicher.

Auf zwei um oder nach 560 v. Chr. entstandenen attisch-schwarzfigurigen Taf. 27
Schalen in Boston sieht man Kirke mit Gefäß und Zauberstab – dieser ist nur auf einem Gefäß erhalten – in den Händen, umgeben von Gefährten des Odysseus mit

entscheiden sich in der Deutungsfrage nicht. S. 300 hält sie die Deutung für „beaucoup trop douteuse".

menschlichen Körpern, aber tierischen Köpfen und zum Teil Vorderfüßen. Auf dem einen Gefäß ist Kirke nackt, und bei ihr sind die Gefährten, die in Löwe, Eber, Widder und Hund verwandelt sind. Odysseus kommt mit gezücktem Schwert herbei und ganz rechts flieht ein Mann, in dem man Eurylochos vermuten kann. Die Wiedergabe der Gefährten in dieser halb verwandelten Form bleibt von diesem ersten Bild an gültig. Aber die Vielzahl der Tiere unterscheidet sich von dem Text Homers, in dem außer den Schweinen, in die die Gefährten des Odysseus verwandelt wurden, nur Wölfe und Löwen bei Kirke erwähnt werden (Od. 10,212. 433). Die Version des Apollodor (Epit. VI 15) mit der Verwandlung in Schweine, Wölfe, Löwen und Esel wird durch die Bilder als schon archaisch erwiesen. Auf der Bostoner Schale sind gegenüber dem Text Homers verschiedene Vorgänge, nämlich die Verwandlung der Gefährten, die Flucht des Eurylochos und die Ankunft des Odysseus, in ein einziges Bild zusammengezogen.

Auf der anderen Bostoner Schale steht wieder Kirke, diesmal bekleidet, mit ihrem Trank in der Mitte vor einem eberköpfigen Gefährten. Wieder sitzt ein Hund zwischen beiden, und rings sind weitere Gefährten mit Köpfen von Löwe, Hahn, Pferd, Hund, Panther und Ziege. Wieder kommt Odysseus von ganz links mit gezücktem Schwert heran. Die beiden Bilder gleichen sich so, obwohl sie nicht vom selben Meister stammen, daß die Annahme eines gemeinsamen Vorbildes nahe liegt. In den gleichen Zeitraum gehört eine fragmentierte Halsamphora mit Kirke
Abb. 29 und zwei eselsköpfigen Gefährten sowie eine Lekythos in Berlin.[2]
Abb. 30 Schon im frühen 5. Jh. ist eine Athener Lekythos entstanden. Hier steht Kirke dem sitzenden Odysseus gegenüber. Sie hält in der Rechten einen Zauberstab, in der Linken einen Skyphos. Nach links entfernt sich ein schweinsköpfiger Gefährte mit Lanzen in der Hand. Die früheste rotfigurige Darstellung findet sich auf einer vor 480 v. Chr. entstandenen Schale des Brygosmalers von der Athener Akropolis. Sie ist mit Innenbild und beiden Außenbildern ganz dem Kirkethema gewidmet. Innen steht, inschriftlich gesichert, Kirke vor ihrem Palast mit einem Skyphos in der Linken dem mit einem Petasos bekleideten Odysseus gegenüber. Auf der einen Außenseite wird die Bewirtung des Odysseus eingeleitet, auf der anderen zieht Odysseus das Schwert gegen Kirke, die voller Entsetzen ihre Arme ausstreckt. Links von Odysseus befinden sich ein Schwein und ein Panther, also Gefährten des Odysseus, die hier auffallenderweise und einmalig volle Tiergestalt angenommen haben.

[2] Die Vase in Ostermundingen, Pb. AntK 18, 1975, Taf. 29,2 kommt zu den VL³ 429 ff. aufgezählten als A 7 hinzu. Nachzutragen ist ferner
B 10. London, Kh Skr
C 2. Vulci ps-chalk Am JdI 95, 1980, 140 ff. Abb. 1. 3
E 5. Volo DP 71–51. 30 Becher Sinn MB 74 Taf. 29, 4
    6. Sousse Platte Foucher, Notes et doc. VI, 1965, 40 Abb. 56
    7. Bad Deutsch Altenburg Plattenfr. ÖJh 10, 1907, 330 ff. Taf. 8. – Kubitschek-Frankfurter Abb. 71
    8. Djemila Plattenfr. Y. Allais, Libyca 7, 1959, 43 ff. Abb. 5
    9. Tiddes Plattenfr. Libyca 8, 1960, 129 Abb. 5.

Abb. 30   Athen. Lekythos.

Abb. 31   Berlin. Halsamphora.

Abb. 32 Bologna. Krater.

Abb. 33 New York. Krater.

Auf einer Lekythos in Erlangen und einer Kanne im Louvre verfolgt Odysseus mit dem Petasos im Nacken die fliehende Kirke mit gezücktem Schwert, ohne daß Gefährten anwesend sind.

Abb. 31 Bei einer Berliner Halsamphora sitzt Kirke auf einem Schemel, den Zauberstab in der Rechten, in der Linken einen Skyphos. Sie hat soeben einen Gefährten verzaubert, der mit Schweinekopf und -schwanz nach links geht. Ähnlich ist das Bild auf einer Dresdner Pelike. Auf einer Athener Lekythos sieht man zwei in Schweine verwandelte Gefährten in einer Höhle ohne weitere Gestalten.

Abb. 32 Zwei Doppelzonenkratere in Bologna und New York ähneln sich sehr. Auf dem Kelchkrater in Bologna sind zwei aufeinanderfolgende Episoden des Kirkeabenteuers dargestellt: Kirke verwandelt mit erhobenem Zauberstab die Gefährten in Schweine. Odysseus hat sich von seinem Stuhl erhoben und geht mit gezücktem Schwert auf Kirke los. Die letztere Szene begegnet außerordentlich ähnlich auf

Abb. 33 dem New Yorker Krater, auf dem die beiden Gefährten einen Schweine- und einen Eselskopf haben, während die Gefährten in Bologna in Übereinstimmung mit Homer nur mit Schweineköpfen ausgestattet sind. Diese Auffassung hat sich zum

Unterschied von den vielen Tierköpfen des 6. Jh. im 5. Jh. allmählich durchgesetzt.
Die letzte attisch-rotfigurige Vase, die sich in Polen befindet, ist in der zweiten Hälfte des 5. Jh. entstanden – Odysseus verfolgt Kirke so ähnlich wie auf den beiden Krateren in Bologna und New York, daß die drei Bilder vom gleichen Vorbild abhängen können. Die Zauberin hat, wie in New York, vor Schreck Skyphos und Zauberstab fallen lassen. Nach links entfernt sich ein schweinsköpfiger Gefährte.
Auf einem Syrakusaner Glockenkrater scheint Kirke in Anwesenheit des Dionysos Silene in Tiere zu verwandeln. Man hat an das Satyrspiel ›Kirke‹ des Aischylos als Vorbild gedacht.
Außerhalb Attikas taucht die Sage, wenn man von dem spätgeometrischen Bruchstück absieht, in der Vasenmalerei um 530 v. Chr. auf. Belege hierfür sind klazomenische Amphorenfragmente in London und eine pseudochalkidische Amphora in Chiusi. Auf den Bruchstücken geht Odysseus mit gezücktem Schwert auf Kirke zu, die mit der linken Hand Gefäß und Stab hält. Hinter Odysseus befindet sich ein in ein Schwein verwandelter Gefährte. Die Köpfe sind nicht erhalten, wohl aber der Schwanz und der Vorderfuß des Gefährten. Auf der Amphora in Chiusi zückt Odysseus sein Schwert gegen Kirke, die nackt vor ihm steht wie auf der einen Bostoner Schale. Rechts befindet sich ein Gefährte mit Schweinekopf und -vorderfüßen, links ein auffallenderweise ganz in einen Eber verwandelter Gefährte, der aber aufrecht auf zwei Beinen steht und unter der Ebermähne ein menschliches Gesicht hat. Die Begegnung zwischen Odysseus und Kirke ist auf diesen beiden Gefäßen etwas früher belegt als auf den attischen.
Die nächsten außerattischen Gefäße sind erst beträchtlich später, nämlich im 4. Jh. entstanden. Das Thema ist besonders beliebt auf einer böotischen Gefäßgattung, die vom Kabirion bei Theben stammt. Nicht weniger als ein halbes Dutzend Gefäße sind erhalten.
Odysseus steht der Kirke gegenüber, die sich mit einem riesigen Skyphos naht. Abb. 34
Hinter einem Webstuhl hockt ein Gefährte mit Schweinekopf und -vorderfüßen. Taf. 28a
Der Webstuhl bei Odysseus und Kirke begegnet noch auf zwei weiteren Gefäßen dieser Gattung. Auf einem dieser Skyphoi stehen sich auf der einen Seite Kirke mit erhobenem Kantharos und Zauberstab sowie Odysseus mit gezogenem Schwert gegenüber, während auf der anderen Seite drei schweineköpfige Gefährten jeder in einer Hand ein Ruder halten. Außerdem hantieren sie mit Trinkgefäßen. Die Ruder kommen bei Homer nicht vor und sind ganz unerklärt und ohne Parallele. Auch das fröhliche Trinken paßt nicht zu den anderen Bildern. Zweifellos liegt hier eine unbekannte literarische Quelle zugrunde, vielleicht eine Posse neben dem schon beobachteten Satyrspiel. Immerhin gibt es im Kabirion ein Theater. Ein Krater in Ruvo belegt das Thema der Bedrohung Kirkes durch Odysseus auch für die unteritalische Phlyakenposse. Jedenfalls wird diese Deutung durch die Verwandtschaft mit Bildern auf etruskischen Spiegeln nahegelegt.
Auf einem etruskischen Stamnos in Parma steht Odysseus mit gezogenem Abb. 35
Schwert der Kirke gegenüber, die vor Schreck beide Arme ausstreckt. Ein Gefährte mit Schweinekopf liegt am Boden.

Abb. 34   London, Brit. Museum. Skyphos.

Abb. 35   Parma. Stamnos.

Abb. 36
Taf. 30

Auf mehreren fragmentarisch erhaltenen, aber sich gegenseitig ergänzenden Reliefbechern hellenistischer Zeit sind Gefährten des Odysseus mit beigeschriebenen Namen dargestellt, nämlich Thestor mit Eberkopf, Theophron mit Hahnenkopf, Mantichos mit Widderkopf, Philippeus mit Eselskopf und Lipinos (?) mit – was hier zum erstenmal zu beobachten ist – Affenkopf. Dabei ist Odysseus, der einen gewissen Alkinoos zu Boden geworfen hat, hinter dem Kirke mit Mörser und Stößel steht. Von den Gefährten sind einige bekleidet, was in der Vasenmalerei nicht zu beobachten war. Die verschiedenen Tierköpfe weichen von der Version Homers ab. Sie schließen sich mehr der archaischen Darstellungsweise an, während die klassische sich meist auf die Schweine beschränkt hatte. Auch die Namen der Gefährten kommen bei Homer nicht vor. Sie sind gewiß keine Erfindung des Töpfers, zumal sie auch auf Gefäßen aus verschiedenen Formen in gleicher Weise begegnen. Die Episode mit Alkinoos ist schließlich aus Homer völlig unbekannt.

Abb. 36   Volo. Becher.

Deutlich liegt also den Bechern ein Vorbild vor, das nicht mit Homer identisch ist. Wahrscheinlich handelt es sich um ein Epos, das natürlich seinerseits auf Homer zurückgeht. Um ein Drama kann es sich nicht handeln, da in diesem Fall der Chor aus den Gefährten bestanden haben müßte, diese dann aber keine Namen haben können. Die Gattung wird in das 3. und die erste Hälfte des 2. Jh. v. Chr. datiert.

Unter den Denkmälern außerhalb der Vasen ist das früheste das Gemälde auf einem sizilischen Tonaltärchen im Louvre. Dort stehen sich Kirke mit Napf und Zauberstab sowie ein Gefährte mit Schweinekopf gegenüber. Kirke ist nackt wie auf der einen Bostoner Schale und der pseudochalkidischen Amphora. Das Bild ist im dritten Viertel des 6. Jh. v. Chr. entstanden.   Taf. 26

Taf. 27

Dem 5. Jh. gehört wohl eine Bronzestatuette an, die einen kriechenden Odysseusgefährten mit Schweinekopf und -vorderfüßen, wie auf der Athener rotfigurigen Lekythos, wiedergibt. Sicher ist diese Gestalt nur Teil einer größeren Komposition, die ein Gefäß schmückte. Bemerkenswert ist das sonst, außer auf der erwähnten Lekythos, nicht vorkommende Kriechen.

Die zeitlich folgenden Denkmäler gehören alle der etruskischen Kunst an, in der die Sage eine verhältnismäßig große Rolle spielte.

Auf einer Stele in Bologna ist Kirke von zwei Gefährten umgeben, von denen der linke einen Schweinekopf hat, der rechte sogar ganz in ein Schwein verwandelt ist, aber an der Zauberin hochspringt. Das Bild erinnert an die pseudochalkidische Amphora.

Auf etruskischen Spiegeln ist mehrfach zu sehen, wie Odysseus von links mit gezücktem Schwert die sitzende Kirke angreift, die entsetzt ihre beiden Hände hebt. Von rechts her greift entgegen dem Text Homers der mit einem Bogen bewaffnete Elpenor in den Kampf ein. Vor Kirke sitzt oder liegt meist[3] ein in ein Schwein verwandelter Gefährte, in einem Fall mit menschlichen Füßen. Die

---

[3] Auf dem Spiegel in Cambridge GR 10–1972 fehlt der Eber.

Abb. 37   Volterra. Urne.

Gruppe hat eine gewisse Ähnlichkeit mit der Dreiergruppe auf der Phlyakenvase in Ruvo.

Auf etruskischen Sarkophagen ist das Thema einmal auf einem Exemplar in Orvieto belegt. Auf ihm bedroht Odysseus die Kirke mit dem Schwert, rechts und links steht je ein Gefährte, der linke mit Schweinekopf, der rechte mit Widderkopf. Beide sind bekleidet, wie auf den hellenistischen Reliefgefäßen und haben menschliche Arme.

Abb. 37   Auf den etruskischen Aschenurnen kommt das Thema verhältnismäßig häufig vor.[4] Es gibt verschiedene Kompositionen. Die Gefährten sind auf ihnen immer tierköpfig und gewandet dargestellt. Auf einer Urne tritt Odysseus gar nicht auf, auf anderen ist der Vorgang der Befreiung durch ihn so abweichend von den griechischen Bildern dargestellt, daß die Benennung der Personen nicht immer leicht ist, zumal auch etruskische Dämonen vorkommen.

Abb. 38   Die tabula Odysseaca in Warschau ist die einzige Darstellung von der Sage mit drei Phasen in einem Bild: Außerhalb des Palastes der Kirke findet die schon erwähnte Begegnung des Odysseus mit Hermes und die Übergabe des Zauberkrautes statt. Es ist dies die einzige erhaltene Wiedergabe dieser Episode. Im Palast sieht man Odysseus und die hier zum erstenmal auf ihre Knie gefallene Kirke, die er mit dem Schwert bedroht. Weiter hinten spielt sich die nächste Phase ab: Kirke läßt in Gegenwart des Odysseus die Gefährten aus ihrem Stall, um sie wieder zurückzuverwandeln. Die Gefährten haben verschiedene Tierköpfe und sind bekleidet, wie wir es seit den hellenistischen Reliefbechern kennen.

Taf. 29   Zwei Phasen sind in einem Bild der vom Esquilin stammenden Odysseelandschaften im Vatikan wiedergegeben: Links wird der Held am Eingang von Kirkes Palast von der Zauberin begrüßt, in der Mitte ist sie ihm zu Füßen gefallen wie auf der tabula Odysseaca.

[4] Die Urne DL III 275, 10 ist zu streichen. Es handelt sich wohl um ein anderes Thema.

Abb. 38   Warschau. Tabula Odysseaca.

In zwei pompejanischen Bildern zieht Odysseus das Schwert gegen die Zauberin.[5] Auf spätrömischen Reliefplatten aus Ton kommt der sitzende Odysseus und die vor ihm bei einer Waage knieende inschriftlich bezeichnete Kirke vor. Auch hier scheint, wie die bei Homer nicht erwähnte Waage verrät, eine unbekannte literarische Quelle zugrunde zu liegen.[6]
Die Sage kommt ferner auf römischen Lampen und Kontorniaten vor.
In der überwiegenden Menge der Bilder, die vom 8. Jh. v. Chr. bis in das 4. Jh. n. Chr. reichen, werden die verwandelten Odysseusgefährten – anders als bei Homer – aufrecht und unbekleidet in menschlicher Gestalt, aber mit den verschiedensten Tierköpfen dargestellt. Ganz in Tiere verwandelt sind sie nur auf der Schale des Brygos. Auf der pseudochalkidischen Amphora in Vulci ist der eine Gefährte in üblicher Weise wiedergegeben, während der andere ein auf zwei Beinen stehender Eber mit menschlichem Gesicht ist. Die Kleinbronze in Baltimore, die rotfigurige Lekythos in Athen geben die Gefährten kriechend wieder. Auf einer etruskischen Urne in Florenz liegen sie. Im 3. Jh. v. Chr. kam es auf und ist auf den Reliefbechern, dem etruskischen Sarkophag und den etruskischen Urnen sowie auf der tabula Odysseaca zu beobachten, daß sie ihr Gewand tragen.
Kirke ist auf drei archaischen Darstellungen nackt wiedergegeben: auf der atti- Taf. 27

[5] Zu den Bildern kommt hinzu: Rom, Vat. 3225 Ms. Vergilius Vat. RM 88, 1981, 335 ff. Taf. 148, 1.
[6] Müller, Odyssee-Illustrationen 73 verweist auf Zingerle, der an Ovid, Met. 14, 264 ff. denkt: Kirke wiegt den Dienerinnen Pflanzen zu.

Taf. 26 schen Schale in Boston, auf der sizilischen Arula und der pseudochalkidischen Amphora.

In der Wiedergabe der Köpfe von verschiedenen Tierarten haben sich die Vasenbilder schon in archaischer Zeit vom Text Homers entfernt. Mehrfach sind Einwirkungen anderer literarischer Fassungen als der Homers zu beobachten, so beispielsweise des Satyrspiels, der böotischen Posse, des unteritalischen Phlyakenspiels und bei den Reliefbechern des Epos. Die Waage auf den tönernen Reliefplatten weist wieder auf ein anderes literarisches Vorbild. Alle diese literarischen Formen sind, mit Ausnahme des Satyrspiels, von dem wir auch aus der antiken Literatur wissen, nur aus den Bildern zu erschließen.[7]

UNTERWELT

Antikleia, o Mutter des klugen Odysseus, du konntest
nicht in Ithaka mehr lebend empfangen den Sohn.
Ach, an des Acherons Flut nun blickt er voll tiefer Bewegung
zu der Mutter hinauf, die er so zärtlich geliebt.
Anth. Gr. III 8   Anonym

Von Kirke fuhr Odysseus einen Tag lang bis an den Rand des Okeanos-Stromes zu den Kimmeriern. Odysseus brachte Schafsopfer dar. Es erschien die Seele von Elpenor, der ihn bat, ihn zu bestatten. Teiresias mahnte ihn, die Heliosrinder unversehrt zu lassen. Er solle nach der Tötung der Freier mit einem Ruder über Land wandern, bis er zu Menschen käme, die vom Meer nichts wissen. Dort solle er dem Poseidon ein Opfer bringen und zu Hause den Göttern. Dann würde er im Alter eines sanften Todes sterben. Danach kam seine Mutter Antikleia und trank von dem Blut. Sie berichtete ihm von Penelope, Telemach und seinem Vater. Er sah ferner Tyro, Antiope, Alkmene, Megara, Epikaste, Chloris, Leda, Iphimedeia, Phaidra, Prokris, Ariadne, Maira, Klymene, Eriphyle und viele andere Frauen.[1] Ferner sah er Agamemnon, Achill, Patroklos, Antilochos, Aias, Minos, Orion, Tityos, Tantalos, Sisyphos und Herakles.[2]

---

[7] Touchefeu-Meynier a. O. 88 will in der Lekythos Tarent 9887 zu Unrecht Krotalen sehen und damit einen Tanz. Fälschlich stellt sie hier eine von Homer abweichende Version fest. – In Nr. 177, einer Oinochoe in Rhodos 12390, die Beazley, ABV 537, 5 richtig als "satyr and maenad" beschrieben hat, will sie zu Unrecht das Kirkeabenteuer sehen. – In Nr. 173 (Tarent 9125) meint sie S. 116, 285 Kirke säße auf einem Felsen, der ganze Vorgang spiele sich in einer Grotte ab, dies sei eine „contradiction flagrante avec le texte homerique". Von einem Felsen und einer Grotte ist aber nichts zu sehen. – Zu ihrer Nr. 189 meint sie S. 97, die Gefährten begrüßen Odysseus im Widerspruch zu Homer, wo sie ihn erst nach der Rückverwandlung erkennen. Von einer Begrüßung kann aber keine Rede sein.

H. Lauter, RM 72, 1965, 228 Anm. 9 vermutete, daß es auch in Sperlonga eine Kirkegruppe gegeben habe.

[1] Od. 11, 1–332.

[2] Od. 10, 491–541 Kirkes Schilderung. Od. 11, 387–640.

Abb. 39   Paris, Cab. méd. Krater.

Vom Aufenthalt des Odysseus in der Unterwelt sind uns nicht viele Darstellungen bekannt. Unter ihnen reicht keine einzige in die archaische Zeit.

Einem Giebel der Zeit um 460 v. Chr. wird eine in Samothrake gefundene Büste des Teiresias zugeschrieben, die sicher aus dem Zusammenhang der Nekyia stammt. Wenn die Datierung richtig ist, dann handelt es sich um die früheste erhaltene Darstellung der Sage.

In fast dieselbe Zeit hinauf gehört das Gemälde des Polygnot in der Lesche der Knidier. Es ist nicht erhalten, vielmehr nur durch die Beschreibung des Pausanias (X 28 f.) überliefert. Er sagt über dieses Gemälde in Delphi: „Links sieht man Odysseus, der in den Hades hinabgestiegen ist, um Teiresias wegen seiner Heimkehr zu befragen. Es gibt Wasser, wie einen Fluß, also den Acheron mit Schilf. Die Formen der Fische erscheinen schwach, so daß sie wie Schatten wirken. Am Fluß ist ein Boot mit dem Fährmann . . . Höher oben sind Perimedes und Eurylochos, die Gefährten des Odysseus, mit schwarzen Opferwiddern dargestellt . . . hinter Eriphyle sind Elpenor und Odysseus. Dieser hockt auf seinen Füßen und hält ein Schwert über den Graben, zu dem Teiresias kommt. Hinter Teiresias ist Antikleia, die Mutter des Odysseus, auf einem Stein. Anstelle eines Mantels hat Elpenor eine Matte, wie sie die Seeleute tragen." Dieses Gemälde gehört in die frühklassische Zeit.

Die früheste erhaltene Vasendarstellung befindet sich auf einer klassischen attisch-rotfigurigen Pelike in Boston. In der Mitte sitzt Odysseus mit dem Schwert

Taf. 31

in der Hand, ähnlich wie es auf dem Gemälde des Polygnot gewesen sein muß. Vor dem auch von Polygnot gemalten Schilf taucht Elpenor auf. Hinter Odysseus kommt Hermes heran, der zwar Beziehungen zur Unterwelt hat, aber bei Homer nicht in diesem Zusammenhang erwähnt wird.

Abb. 39   Ähnlich sitzt Odysseus mit dem Schwert in der Hand und dem geschlachteten Widder vor sich auf einem italischen Kelchkrater in Paris, auf dem die Befragung des mit seinem Kopf aus der Erde auftauchenden weißbärtigen Teiresias dargestellt ist.

Bei dem allgemeinen Interesse der Etrusker für Unterweltszenen ist es nicht verwunderlich, wenn auch diese Sage mehrfach in der etruskischen Kunst zu beobachten ist. Das ist der Fall in einem sehr zerstörten Gemälde der Tomba dell'Orco. Neben dem sitzenden Odysseus erkennt man den inschriftlich bezeichneten Perimedes, rings wächst Schilf wie im Gemälde des Polygnot und auf der Pelike in Boston.

Auf einem etruskischen Sarkophag in Orvieto ist Odysseus mit dem Schwert in der Linken dabei, den Widder mit Hilfe zweier Gefährten zu schlachten.

Merkwürdigerweise kommt das Thema auf den zahlreichen etruskischen Urnen nicht vor.

Auf einem etruskischen Spiegel im Vatikan sitzt Odysseus mit dem Schwert in der Hand. Vor ihm steht, auf einen Stock gestützt, der blinde Teiresias. Zwischen beiden steht Hermes, der hier bei der Unterweltszene anwesend ist, wie auf der Bostoner Pelike.

Schließlich stellt eine etruskische Gemme in Kopenhagen Odysseus dar, der in der Linken ein Messer und in der Rechten den Kopf eines Widders hält, den er für die Toten geschlachtet hat.

Der hellenistischen Zeit gehörte das Stylopinakion an, das sich in Kyzikos im Tempel der Apollonis, der Mutter des Attalos und Eumenes befand. Ein Epigramm der Anthologia Graeca[3] berichtet darüber, wie Odysseus beim Acheron zu seiner Mutter Antikleia aufschaut. Offenbar war er auf dem Stylopinakion sitzend dargestellt.

Aus der römischen Kunst wird auf einer marmornen tabula Odysseaca im Vatikan ganz schwach Odysseus und Elpenor zu erkennen.

Der römischen Kunst gehören ferner die beiden zusammenhängenden Fresken vom Esquilin an. Auf dem ganz erhaltenen Bild sieht man in der stark von Schilf bewachsenen Landschaft den geschlachteten Widder und bei ihm Eurylochos und Perimedes, die wie viele andere Gestalten mit Namensbeischriften versehen sind. Odysseus ist im Gespräch mit Teiresias begriffen. Unter den herandrängenden Frauen sind Phaidra, Ariadne und Leda mit Namen bezeichnet. Oberhalb sitzt Elpenor. Auf dem anschließenden halben Bild sieht man Tityos, Sisyphos, wohl Orion und schließlich im Vordergrund die bei Homer nicht erwähnten Danaiden. Weder das etruskische noch die beiden römischen Gemälde gehen auf Polygnot zurück.

[3] III 8. Siehe das Motto über dem Kapitel.

Schließlich gibt es noch ein Relief, auf dem Odysseus mit dem Schwert in der Hand den sitzenden Teiresias befragt. Da die Gestalt des Odysseus kompositionell Gemälden, die auf den Maler Nikias zurückgeführt werden, nahesteht,[4] ist es möglich, daß in dem Relief ein Nachklang von dem Gemälde des berühmten Malers des 4. Jh. v. Chr. erhalten ist. Leider erfahren wir aus der antiken Literatur außer der Existenz des Gemäldes nichts Näheres über seine Komposition. Da aber die Haltung des Odysseus der vom esquilinischen Fresko entspricht, könnte es sein, daß dieses vom Gemälde des Nikias beeinflußt ist. Die Bilder reichen also nur von 460 v. Chr. bis in die frühe Kaiserzeit. Obwohl das Thema von zwei großen griechischen Malern, von Polygnot und Nikias, gestaltet worden ist, haben sich aus der griechischen Kunst nur sehr wenig Darstellungen erhalten. Es ist hier wie auch beim Freiermord die seltene Tatsache zu beobachten, daß wir von einer griechischen Sage mehr etruskische Wiedergaben kennen als griechische.

Zweiter Besuch bei Kirke

Von der Unterwelt kam Odysseus wieder zur Insel Aiaia, dort wo Helios aufgeht. Er ließ Elpenor holen, verbrennen und begraben. Dann blieben sie einen Tag bei Kirke. Sie sagte dem Odysseus, daß er zu den Sirenen, Skylla und Charybdis, nach Thrinakia kommen würde und riet ihm, was er dort tun solle. Danach fuhr Odysseus ab und unterrichtete die Gefährten von dem Bevorstehenden (Od. 12, 1–157. 226. 268. 302).
Von diesem Aufenthalt kennen wir keine bildlichen Darstellungen.

Sirenen

... Flieht drum, ihr Schiffer und Schiffe, vor diesen Korsaren der Kypris. Schlimmer und böser als sie sind die Sirenen auch nicht.
Anth. Gr. V 161   Hedylos (oder Asklepiades)

Bei Homer[1] sagt Kirke dem Odysseus voraus, daß er zu den Sirenen kommen werde, die bezaubernd singen. Wer sie hört, kehrt nicht heim. Sie sitzen auf einer Wiese, ringsum einen Haufen von Knochen. Kirke rät ihm, die Ohren der Gefährten mit Wachs zu verkleben und sich selbst an den Mast binden zu lassen. Die Gefährten sollen ihn fester binden, wenn er befiehlt, sie mögen ihn lösen. So geschieht es. Das Schiff kommt zu der Insel der beiden Sirenen.[2] Der Wind legt sich. Die Gefährten bergen die Segel und setzen sich an die Ruder. Er verklebt die Ohren der Gefährten und wird an den Mast gebunden. Die Sirenen fordern ihn auf, zu

---

[4] G. Rodenwaldt, Komposition 231 Anm. 1. – B. Neutsch, Der Maler Nikias 66.
[1] Od. 12, 39 ff.
[2] Od. 12, 166 ff., vgl. 23, 326.

Abb. 40 Boston. Aryballos.

kommen, ihre Stimme zu hören und reich an Wissen heimzukehren. Odysseus befiehlt, ihn zu lösen, aber Eurylochos und Perimedes binden ihn nur fester. Sie lösen ihn erst, als der Gesang nicht mehr zu hören ist.

Die erhaltenen bildlichen Darstellungen dieses Themas beginnen im frühen 6. Jh. v. Chr. Die beiden frühesten befinden sich auf korinthischen Gefäßen. Auf dem Basler Aryballos[3] sieht man in abgekürzter Darstellung ein Schiff mit dem stehenden Odysseus. Eine Sirene und ein Vogel fliegen von oben herab.

Abb. 40 Der dem zweiten Jahrhundertviertel entstammende Aryballos in Boston zeigt das Thema ausführlicher. Man sieht im Schiff nicht nur den angebundenen Odysseus, sondern auch fünf Ruderer. Alle Männer sind behelmt. Auf einem Felsen rechts vom Schiff stehen zwei Sirenen und sitzt eine Frau. Ein Raubvogel und ein Wasservogel stürzen sich entsprechend dem einen des Basler Gefäßes von oben auf das Schiff. Die Frau ist als Mutter der Sirenen, Chthon, gedeutet worden.[4] Die Vögel sind bei Homer nicht erwähnt. Die Zweizahl der Sirenen auf dem Bostoner Gefäß entspricht dem Text Homers,[5] ebenfalls die Tatsache, daß zum Unterschied vom Basler Aryballos die Segel eingezogen sind. Die beiden frühesten attischen

Taf. 33, 34 Darstellungen finden sich erst ein halbes Jahrhundert später auf zwei schwarzfigurigen Kleeblattkannen, die um 520 v. Chr. entstanden sind. Beide Male fährt das Schiff mit dem übergroßen angebundenen Odysseus an einem Felsen vorbei, auf dem je drei Sirenen stehen. Zum erstenmal begegnet hier also eine Sirenenzahl, die die bei Homer angegebene Zweizahl überschreitet. Aber der Typus der Sirene, den Homer nicht näher beschrieben hat, nämlich Vogelkörper mit weiblichem

Taf. 33a Kopf, entspricht dem korinthischen. Auf der Stockholmer Kanne haben die Sirenen noch obendrein Arme, mit denen die vordere Leier und die hintere Flöte spielt. Die mittlere hat kein Instrument und ist vielleicht singend gedacht. So je-

Taf. 33b, denfalls wird es von den Sirenen in der antiken Literatur, allerdings erst in sehr viel 34 späterer Zeit, überliefert.[6] Die Sirenen der Mainzer Kanne sind armlos, dafür hat

[3] Amandry-Amyx, AntK 85, 1982, 113 ff. wollen hier nicht Odysseus erkennen. Aber was soll es sonst sein? Die Sirene und der sich herabstürzende Vogel entsprechen dem Bild des Aryballos in Boston, der ausgestreckte Arm der Kanne in Mainz.

[4] H: Payne, Necrocorinthia 139 im Anschluß an H. Bulle, Strena Helbigiana 34. – K. Schefold, Frühgriech. Sagenbilder 11 deutet auf Kirke. – Hingegen will O. Touchefeu-Meynier, Les thèmes Odysséens 147 hier eine dritte Sirene sehen, was unmöglich ist.

[5] Od. 12, 52. 167 werden die Sirenen im Dual erwähnt.

[6] Servius, A. 5, 864.

Abb. 41 Tarquinia. Schale.

Odysseus versehentlich drei Arme. Auf der Stockholmer Kanne ist das Segel gesetzt, auf der Mainzer geborgen. Etwa zwei Jahrzehnte später ist die Athener Lekythos entstanden. Wegen des beschränkten Bildraums – besonders in der Breite – ist das Schiff ganz weggelassen. Odysseus steht an den säulenförmigen Mast angebunden in der Mitte. Rings um ihn ist Meer: Man sieht das Wasser und zwei Delphine. Rechts und links ist je ein Felsen mit einer darauf stehenden Sirene. Die linke spielt auf der Leier, die rechte spielt die Flöte, also die gleichen Instrumente wie auf der Stockholmer Kanne. Es bleibt unklar, ob hier zwei Sirenen wiedergegeben sind, um dem Text Homers gerecht zu werden, oder ob die dritte nur aus Symmetriegründen weggelassen wurde.

Taf. 32

Dem Bild der Mainzer Kanne ist sehr ähnlich das auf dem rotfigurigen Londoner Stamnos. Wieder fährt das Schiff nach links, eingerahmt von Felsen auf beiden Seiten. Die Segel sind gerefft. Wieder blickt der nackte angebundene Odysseus nach rechts, wieder sind drei Sirenen wiedergegeben, allerdings verteilt: Eine, die als Himeropa bezeichnet ist, mit einem Namen, der bei Homer nicht vorkommt, auf dem linken Felsen, eine andere auf dem rechten. Eine dritte stürzt sich mit geschlossenem Auge wie leblos von dem Felsen herab. Es ist die einzige erhaltene sichere Darstellung vom auch literarisch, allerdings erst sehr viel später [7] überlieferten Sirenentod.

Taf. 35

[7] Hygin, fab. 141. – Servius, A. 5, 864. – Lykophron 712f. – Eustath. Od. 1709, 48.

Taf. 36   Sämtliche attischen Darstellungen verteilen sich auf ein halbes Jahrhundert. Aus dem 4. Jh. stammt ein pästanischer Glockenkrater in Berlin. Odysseus mit dem Pilos auf dem Kopf ist stehend an den Mast gebunden. Er blickt zu zwei Sirenen, von denen die linke ein Tympanon, die rechte eine Leier hält. Die Sirenen sind erstmals nicht nur mit weiblichem Kopf, sondern auch mit weiblichem Oberkörper wiedergegeben. Das Schiff, in dem man fünf Gefährten sieht, fährt nach links.[8]

Abb. 41   Dem 3. Jh. gehören verschiedene Reliefgefäße an. Eins davon ist ein in Athen gefundener Becher mit dem in seinem Schiff stehenden Odysseus. Rechts und links befinden sich unter allerlei Seegetier und Vögeln auch je eine Tritonin, aber keine Sirene.

Ein weiterer Reliefbecher im Louvre bringt etwas Neues insofern, als er nicht zwei oder drei, sondern sogar vier Sirenen wiedergibt und diese in völlig neuer Auffassung, nämlich in rein menschlicher, nackter Gestalt. Auf anderen Reliefgefäßen der gleichen Zeit kommen aber noch die Sirenen alten Typs mit den Vogelleibern vor.

Im gleichen 3. Jh., in dem die Vasendarstellungen aufhören, beginnen die Darstellungen außerhalb der Vasen. Sie führen uns in das Gebiet der etruskischen Aschenurnen, von denen sich mehr als zwei Dutzend mit diesem Thema erhalten haben.[9] Im allgemeinen werden drei Sirenen wiedergegeben, und zwar in rein menschlicher Gestalt mit menschlichen Armen und Füßen und mit langem Gewand. Man könnte die menschliche Gestalt bei den Sirenen für eine etruskische Erfindung halten, wenn es nicht die Reliefbecher gäbe. Die drei Sirenen spielen im

[8] Der Aufzählung in VL[3] 441 ist nachzutragen:
Taf. 33b,   A 4. Mainz, Pb. das hier veröffentlichte Gefäß
34   D 2. Basel, Cahn 234 itgKrfr Touchefeu-Meynier a. O. Nr. 251 Taf. 241
3. Köln, Kh. etr HAm Kunsthaus am Dom 62. Auktion 13. XI. 74 Nr. 85.
[9] Gegenüber DL III 294 ff. ergeben sich folgende Veränderungen:
294 Nr. 5 Der Tondo ist wahrscheinlich ein Kontorniat: Andreae, AntPl. XIV 84.
295 nachzutragen Nr. 5 San Simeon Sarkophag, hier Taf. 3 b.
296 folgende etruskischen Urnen sind nachzutragen:
Nr. 22 Santa Barbara, Ludington
23 Oxford, Ashm. Mus. Oldfield 64. – Boardman, CLR 21, 1971, 143
24 Florenz 78474 Cristofani I Abb. 119?
25 Florenz 96950 Cristofani I Abb. 117
26 Kh. Buschor, Musen des Jenseits Abb. 60
27 Volterra NSc 1975, 12 fig. 9 Nr. 17
297 Mosaik Nr. 4 ist zu streichen
298 folgende Lampen sind nachzutragen:
15–17 Nikosia Oziol, Les lampes Nr. 520, 532, 533
18 Canterbury Touchefeu-Meynier Nr. 278 Taf. 27, 2.3 echt?
19 Tunis 886 Cat. Mus. Alaoui Suppl. I 196 Taf. 16, 7
20 Athen, NM 3124
21 Neapel, Cum. 17 Pagenstecher 175 Anm. 2
22 Korinth CL 2809.

Abb. 42 Rom, Vat. Sarkophag.

allgemeinen die Leier, Flöte und Syrinx. Mindestens zwei von ihnen wirken also im Gegensatz zu Homer nicht durch Gesang. Auf den etruskischen Urnen ist das Segel entfaltet im Gegensatz zu Homer.[10] Außerhalb der Urnen kommt die Sage in der etruskischen Kunst nicht vor.

Aus der frühen Kaiserzeit stammen die tönernen Campanareliefs, auf denen mehrfach das Schiff mit Odysseus und mehrfach auch die Sirenen allein für sich begegnen. Sie haben Vogelbeine und -flügel, sind aber bekleidet.

Auch in der römischen Grabkunst ist das Thema beliebt. Es haben sich nicht ganz so viele römische Sarkophage mit dem Thema erhalten wie etruskische Urnen. Abb. 42

Sicher hängt die Beliebtheit des Themas in der Grabkunst mit dem Wesen der Sirenen zusammen: Schon die homerischen Sirenen brachten den Tod, und von Sophokles ist aus einem verschollenen Drama[11] der Satz erhalten: „Ich kam zu den Sirenen, den Töchtern des Phorkys, die die Hadesweisen sangen."

Der Kaiserzeit gehören auch die Gemälde und Mosaiken an, die fast alle aus Italien oder Nordafrika stammen.

Unter den Gemälden gehört eins zu der Odysseereihe vom Esquilin. Auf ihm sind zwei Sirenen erhalten mit menschlichem Körper einschließlich der Beine und dazu mit Flügeln. Vom alten Vogelleib sind also nur noch die Flügel übriggeblieben. Die untere Sirene hält eine Doppelflöte. Hinter der oberen Sirene ist der Unterkörper einer stehenden Frau mit langem Gewand. Unten liegt eine männliche Gestalt mit Petasos und Anker. Auch sollen die von Homer erwähnten Knochen zu sehen sein.

Ein weiteres Gemälde, aus Pompeji in London, zeichnet sich dadurch aus, daß es als einzige Wiedergabe der Sage außer dem esquilinischen Fresko bei den drei Sirenen die Knochen darstellt, man sieht Gerippe, Schädel und Knochen.

Bei den Mosaiken erscheint mehrfach[12] der vor dem Mast stehende, angebundene Odysseus mit dem Pilos auf dem Kopf in Vorderansicht etwa von den Knien Taf. 38

---

[10] Od. 12, 168.
[11] N² fr. 777.
[12] DL III 297 Nr. 3, 7, 8.

an sichtbar in einem Gewand, das die rechte Schulter freiläßt. Die Bilder sind einander so ähnlich, daß der Schluß naheliegt, sie hängen vom gleichen Vorbild ab. Zu den Mosaikbildern mit dem verhältnismäßig klein gebildeten Schiff stellt sich

Taf. 3b auch der Sarkophag von San Simeon.

Taf. 37a, b Auf den Lampen und Gemmen sind meist drei Sirenen wiedergegeben. In den bildlichen Darstellungen finden sich also eine Anzahl von unhomerischen Elementen: Die Dreizahl der Sirenen schon seit archaischer Zeit, später sogar die

Taf. 35 Vierzahl. Ferner der Tod der Sirenen auf dem Londoner Stamnos, wo auch der Name Himeropa für eine der Sirenen vorkommt. Schließlich die Mutter der

Abb. 40 Sirenen auf dem Bostoner Aryballos sowie die Vögel auf ihm und dem anderen korinthischen Aryballos und die Musikinstrumente.

Hingegen fehlt in allen Bildern die von Homer erwähnte Wiese, man sieht eher Felsen. Die Knochen kommen nur auf zwei Gemälden vor.

PLANKTEN. CHARYBDIS. SKYLLA

Wenn es nicht blinkte, das Erz, und dadurch verriete, es handle
sich um ein Kunstwerk, das uns Herrscher Hephaistos geformt,
meinte man wohl aus der Ferne, hier stünde leibhaftig die Skylla,
und sie sei aus dem Meer nun auf die Erde entrückt.
Also springt sie heran und zeigt eine Wildheit im Ansturm,
als zertrümmerte sie Schiffe im brausenden Meer.
Anth. Gr. IX 755   Anonym

Bei Homer[1] haust die unsterbliche Skylla in einer Höhle, die sich in einer hohen Felsklippe der Plankten befindet, an der immer eine dunkle Wolke hängt. Auf der anderen, niedrigeren Klippe wächst ein Feigenbaum. Unter ihm schlürft die Charybdis dreimal am Tage das Wasser ein, und dreimal speit sie es wieder aus.[2] Dorthin kam Odysseus und umschiffte die Strudel der Charybdis.

Die Stimme der Skylla ist die eines eben geborenen Hundes. Sie ist ein Ungeheuer mit zwölf unförmigen Füßen und sechs überlangen Hälsen mit je einem Haupt, das drei Reihen von Zähnen hat. Kirke rät dem Odysseus, Krataïs, die Mutter Skyllas anzurufen, die diese dann hindern würde, mehr als sechs Gefährten zu packen. Odysseus stellte sich auf den Bug mit zwei Speeren, aber die Skylla holte doch unbemerkt sechs Gefährten, um sie zu fressen.[3] Von den Plankten und der Charybdis[4] gibt es keine Darstellung.

[1] Od. 12, 74ff.
[2] Od. 12, 59–126.
[3] Od. 12, 235–259. 310. 430; 23, 328.
[4] P. Zancani-Montuoro, Parola del passato 14, 1959, 221–9 bezieht die Darstellungen eines Schildkrötenreiters auf das Charybdis-Abenteuer. Ihr folgt mit Vorbehalt O. Touchefeu-Meynier, Thèmes Odysséens 275 und K. Schefold, Götter- und Heldensagen d. Griechen i. d. spätarch. Kunst 268f. – I. Jucker, Gestus des aposkopein 93 deutete auf Herakles. Webster, JHS 1958, 175 stimmte zu.

Man sollte denken, daß das Abenteuer mit der Skylla in der bildenden Kunst eine ähnliche Geschichte aufweisen würde, wie das mit den Sirenen. Merkwürdigerweise ist das jedoch keineswegs der Fall. Aus der archaischen Zeit kennen wir überhaupt noch keine Skylla. Als das Ungeheuer zum erstenmal in der ersten Hälfte des 5. Jh. v. Chr. dargestellt wurde, sah es völlig anders aus als das homerische Unwesen. Nie werden die zwölf Füße, die sechs Köpfe mit den je drei Zahnreihen dargestellt. Vielmehr ist ein weiblicher Oberkörper, der anfangs in wenigen Beispielen bekleidet, seit der Mitte des 5. Jh. v. Chr. aber fast immer unbekleidet ist, mit einem oder zwei Fischleibern oder Schlangen verbunden. An der Verbindungsstelle zwischen dem menschlichen und dem tierischen Körper entspringen die Vorderteile von einem[5] oder meist zwei[6] oder drei[7] Hunden. In einem Fall handelt es sich sogar um acht Hunde. Einmal entspringen die Hunde an den Schultern.[8] Das Untier kann ab dem 4. Jh. v. Chr. in seltenen Fällen auch geflügelt sein.[9] Es hat jedenfalls nie eine Ähnlichkeit mit dem, was sich Homer vorstellte. Aber auch dieses Unwesen bleibt allein für sich, ohne menschliches Opfer. Es wird gelegentlich in Gesellschaft mit anderen Meereswesen dargestellt, dabei einmal als Reittier für eine Nereide.[10] Aus der gesamten griechischen Vasenmalerei kennen wir bisher noch keine Darstellung dieses Odysseusabenteuers.

Ein tarentinisches Giebelrelief in Amsterdam aus der zweiten Hälfte des 4. Jh. v. Chr. und das Relief eines bronzenen Klappspiegels in Berlin aus dem frühen 3. Jh. v. Chr. sind die frühesten Bilder einer Skylla mit einem menschlichen Opfer. Aber da es sich nur um einen einzigen Menschen handelt, auch kein Schiff zu sehen ist, ist nicht klar, ob das Abenteuer des Odysseus gemeint ist. Dieselbe Frage besteht auch bei mehreren anderen Denkmälern.[11] So bleiben eigentlich nur wenige Bilder übrig, die den von Homer geschilderten Vorgang zweifelsfrei wiedergeben.

Die frühesten Darstellungen finden sich auf reliefierten, calenischen Omphalosschalen und Reliefbechern aus dem 3. Jh. v. Chr., also aus einer Zeit, die ein halbes Jahrtausend später liegt als Homer. Auf den Omphalosschalen hat die Skylla mit der Rechten ein Ruder geschultert; mit der Linken zieht sie einen Gefährten von dem Schiff, auf dem ein Hoplit – sicher Odysseus – und ein bei Homer nicht erwähnter Bogenschütze zu sehen sind. Abb. 41

Auf den Reliefbechern hält die Skylla ebenfalls in der Rechten ein Ruder und hat mit der Linken einen Gefährten gepackt. Rechts ist das nach links fahrende Schiff mit Odysseus als Hopliten.

Ähnlich ist ein Tonmodel aus Didyma, wo die Skylla wieder in der Rechten das

---

[5] VL³ 443 D 5. – Münzen von Akragas DL III 306.
[6] VL³ 443 B 3; D 2, 3, 4, 6, 7, 8.
[7] DL III 301, 1 u.; 302, 1. 2 o., 302, 1 u. – Acht Hunde VL³ 443 D 10.
[8] DL III 302, 4.
[9] DL III 301, 1 M., 301, 1 u., 302, 8.
[10] VL³ 443 D 7.
[11] DL III 300, 1 u., 4 u., 302, 1 u., 301, 1 M. und mehrere Gemmen. Bekleidet DL III 304, 1.

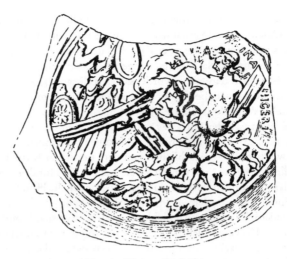

Abb. 43 Vienne. Medaillon.

Ruder hält. Ihre drei Hunde haben sich in je einen Gefährten verbissen. Einen vierten reißt sie aus dem vorbeifahrenden Schiff, in dem wieder ein Hoplit steht. Der Model wird dem mittleren 2. Jh. v. Chr. angehören.

Abb. 43 Aus der Kaiserzeit sind Kontorniaten, ein diesen sehr ähnliches Tonreliefmedaillon, ein verschollenes Sarkophagfragment sowie eine Bronzepatera, auf der Skylla vier Gefährten gepackt hat, zu erwähnen. Schließlich ist das Thema auch in der Großplastik dargestellt worden. Am besten erhalten ist die kolossale Gruppe von Sperlonga,[12] von der es zahlreiche bruchstückhaft erhaltene Repliken gibt. Sechs Hundeprotome entspringen dem Leib der Skylla. So ist wenigstens in der Zahl in diesem einen Fall der Anschluß an Homer gehalten: Skylla hat sich sechs Gefährten vom Schiff geholt.

Abb. 44 Dazu stellt sich eine zweite Schöpfung, die am besten durch Bruchstücke in der Villa Hadriana vertreten ist.[13] Ferner ist die Statue der ›Odyssee‹ in der Athener Agora zu nennen, die auf ihrem Panzer die Skylla trägt.

Die Gruppe von Sperlonga scheint mit den in der Kleinkunst wiedergegebenen Kompositionen zusammenzuhängen, doch lassen sich genauere Angaben nicht machen, solange die Rekonstruktion der Gruppe nicht abgeschlossen ist.[14]

Von einer Bronzegruppe im Hippodrom von Konstantinopel wissen wir nichts außer der Tatsache, daß es sie gab.[15] Das gilt auch für drei Gemälde von Androkydes, Nikomachos und Phalerion.[16]

Die ersten Darstellungen der Skylla sind also beträchtlich später als die der Sirenen zu beobachten. Sie weichen entschieden von der Schilderung Homers ab und ändern ihr Aussehen im Lauf der Jahrhunderte nur geringfügig. Die frühesten Darstellungen von der Begegnung des Odysseus mit der Skylla finden sich erst im 3. Jh. v. Chr. In ihnen steht der Held dem Text Homers entsprechend auf dem Bug des Schiffes. Kratais wird nie dargestellt.

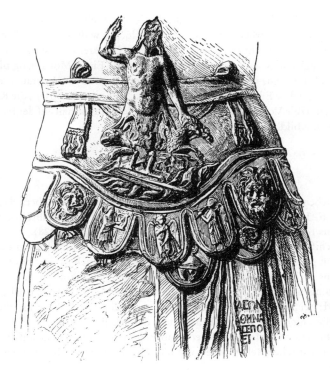

Abb. 44   Athen, Agora. Statue.

Rinder des Helios

Von der Skylla kam Odysseus zur Insel Thrinakia, wo sieben Herden von Rindern und Schafen des Helios zu je fünfzig Stück weiden, keinen Nachwuchs haben, aber auch nicht sterben.[1] Odysseus erinnerte die Gefährten an die Mah-

[12] AntPl XIV Taf. 29.
[13] Andreae, Odysseus 221 ff.
[14] Andreae, Odysseus 156–170.
[15] Vgl. das Motto über diesem Kapitel. Andreae, Odysseus 160 vermutet in der Gruppe von Sperlonga eine Kopie nach der in Konstantinopel, weil deren „Beschreibung genau der aus den Fragmenten in Sperlonga erschlossenen Gruppenkomposition entspricht". Nach meiner Meinung ist die antike, im Motto wiedergegebene Beschreibung zu vage, um einen solchen Schluß ziehen zu können.
[16] Athen. VIII 341 = SQ 1732. – Plut., Symp. IV 2.3.4 = SQ 1735. – Plin. n. h. 35, 108 = SQ 1771. – Plin. n. h. 35, 141 = SQ 2154.
[1] Od. 1, 8; 12, 127–130; 19, 276; 23, 329.

nungen des Teiresais[2] und der Kirke, die Rinder unbehelligt zu lassen und forderte sie auf, an der Insel vorbeizufahren. Aber Eurylochos widersprach und überredete die Gefährten, die Nacht an Land zu verbringen. Odysseus ließ sie schwören, daß sie die Rinder und Schafe nicht schlachten würden. Einen Monat lang blies Südwind und Westwind, so daß sie nicht fahren konnten und ihre Vorräte verbrauchten. Da überredete Eurylochos, als Odysseus schlief, die Gefährten, die Rinder zu schlachten. Üble Vorzeichen erschienen.[3] Von dem Aufenthalt auf der Heliosinsel gibt es keine bildlichen Darstellungen.

Schiffbruch

Am siebenten Tag legte sich der Wind. Sie stachen in See. Da überfiel ein Sturm das Schiff. Der Mast brach, ein Blitz schlug ein, und die Gefährten ertranken. Odysseus rettete sich auf Kiel und Mastbaum (Od. 12, 261–428).

Ein Schiffbruch ist auf geometrischen Vasen dargestellt. Man hat ihn auf den des Odysseus gedeutet. Aber das ist keineswegs sicher.[1] Auch ist der Schiffbruch des Odysseus nicht von archaischen und klassischen Vasenbildern oder sonstigen Darstellungen bekannt. Auf mehreren Reliefschalen[2] sieht man viermal Odysseus im Schiff: bei Skylla, zweimal bei den Sirenen und schließlich im Phäakenschiff. Aber selbst hier ist sein Schiffbruch nicht dargestellt.

Abb. 41

So befindet sich die früheste Wiedergabe seines Schiffbruchs erst auf der Scherbe eines hellenistischen Reliefbechers in Volo. Hier klammert sich Odysseus an einen

Abb. 45 Balken.

Zweites Passieren von Skylla und Charybdis

Odysseus trieb die ganze Nacht auf der See. Bei Sonnenaufgang kam er zur Charybdis. Er hielt sich an dem Feigenbaum so lange fest, bis Mast und Kiel wieder ausgespieen wurden. Daraufhin ließ er sich fallen und trieb neun Tage umher (Od. 12, 429–447). Eine Darstellung ist nicht bekannt.

Kalypso

Am zehnten Tag kam Odysseus nachts zur Insel Ogygia, wo die Nymphe Kalypso wohnte, die Tochter des Atlas, die ihn in ihrer Grotte aufnahm und hoffte,

[2] Od. 11, 107 ff.
[3] Od. 12, 394.
[1] Gegen die Deutung auf Odysseus auch H. v. Steuben, Frühe Sagendarstellungen Anm. 301 und S. 127, Touchefeu-Meynier, Thèmes 275, sowie K. Fittschen, Untersuchungen 49 ff.
[2] Pagenstecher, Die calenische Reliefkeramik (8. Erg.Heft JdI) Nr. 126.

Abb. 45   Volo. Becherfragment.

er würde ihr Gemahl werden.¹ Sie wollte ihn unsterblich machen. Er blieb dort sieben Jahre, mit Tränen der Heimat gedenkend. Schließlich bat Athene bei Zeus für ihn.² Dieser sandte Hermes zur Nymphe mit dem Auftrag, Odysseus mit einem Floß zu entsenden.³ Kalypso erklärte sich dazu bereit.⁴ Sie forderte Odysseus auf, sich ein Floß zu bauen und gab ihm die Materialien dazu.⁵ Sie schwor ihm, daß sie nichts Übles im Sinne habe.⁶ Am nächsten Tag begann Odysseus, das Floß zu bauen. Am vierten Tag war er damit fertig. Am fünften entließ ihn Kalypso.⁷ Siebzehn Tage durchquerte er das Meer.

Merkwürdigerweise scheint der Aufenthalt bei Kalypso in der griechischen Vasenmalerei nicht dargestellt worden zu sein, obwohl er doch nicht weniger als sieben Jahre dauerte und in der ›Odyssee‹ mehr als andere Episoden erwähnt wurde.

[1] Od. 1,14f., 50–55; 4,556ff.; 5,13–17. 57; 7,253–266; 8,452; 9,29; 12,389. 448; 17,143.
[2] Od. 1, 48–86.
[3] Od. 5, 28–116.
[4] Od. 5, 137–144.
[5] Od. 5, 160–170.
[6] Od. 5, 184–191.
[7] Od. 5, 228–263.

Abb. 46 Volo. Becherfragmente.

Abb. 46   Nur auf einem Reliefbecher aus Volo ist dargestellt, wie Odysseus sein Floß zimmert. Er treibt einen Pflock in einen Balken, wie es in der ›Odyssee‹ geschildert ist. Hinter ihm sind die Unterkörper von zwei Frauen zu sehen, zweifellos Kalypso mit einer Dienerin, die das Segel bringen. Das Gefäß gehört wohl dem späten 3. Jh. v. Chr. an.

Von dem Maler Nikias ist durch Plinius[8] eine 'Calypso' und eine 'Calypso sedens' überliefert. Es ist nicht klar, ob es sich um ein oder zwei Gemälde handelt. Von Odysseus ist nicht die Rede. Erhalten ist das Gemälde einer stehenden Kalypso mit Namensbeischrift in Kertsch und zwei etruskische Aschenkisten mit Odysseus bei einer Frau, die in einem Fall weitgehend entblößt, also wohl Kalypso ist.

Taf. 28b   Auf einem Oxforder Kabirion-Skyphos sieht man den namentlich bezeichneten Odysseus auf einem Floß, das zum Unterschied von Homer aus zwei Amphoren besteht. Von rechts her bläst Boreas den Wind.

Um die Mitte des 4. Jh. v. Chr. hat der Maler Pamphilos den Odysseus auf dem Floß gemalt.[9]

Einige Darstellungen des trauernden Odysseus mögen sich auf seinen Aufenthalt bei Kalypso beziehen.[10]

---

[8] Plin. n. h. 35, 131.
[9] Plin. n. h. 35, 76 = SQ 1753.
[10] DL III 310, 8. 11; 313, 1 M.

Ankunft auf der Phäakeninsel

Wenn dir der Betenden Ruf vieltönend auch immer das Ohr füllt,
oft der Erhörte dir dankt oder der Bangende fleht,
höre mich dennoch, Zeus, der Scherias heiliges Eiland
schützt, und nicke mir zu mit dem untrüglichen Haupt,
daß ich nach langem Irren zum heimischen Land nun finde
und am erfreulichen Ziel raste von langem Bemühn.
Anth. Gr. IX 7   Julios Polyainos

Am achtzehnten Tag erschien vor ihm das Phäakenland. Da entdeckte ihn Poseidon und löste einen Sturm aus. Der Mastbaum brach. Die Nymphe Leukothea erbarmte sich des Odysseus. Sie riet ihm, ohne Kleider ans Ufer zu schwimmen, und gab ihm zum Schutz einen Schleier. Das Floß wurde von den Wellen zerstört. Odysseus trieb zwei Tage und Nächte in den Wellen. Am dritten Tag hörte der Sturm auf. Er trieb gegen eine Steilküste, hielt sich am Felsen fest und schwamm mit der Woge zurück, bis er an die Mündung eines Flusses kam. Er warf den Schleier für die Nymphe zurück ins Wasser und legte sich im Wald in einem Laubhaufen schlafen.[1]

Die Phäaken hatten früher auf Hyperia nahe bei den Kyklopen gewohnt. Nausithoos führte sie nach Scheria, fern von den Menschen. Nun herrschte über sie Alkinoos. Dessen Gemahlin war Arete und Tochter war Nausikaa.

Von dem erneuten Schiffbruch und der Rettung durch Ino Leukothea haben wir keine Darstellung.

Nausikaa

Athena forderte im Traum die Nausikaa auf, zum Wäschewaschen zu fahren (Od. 6, 21 ff.). Nausikaa erbat sich von ihrem Vater einen Wagen und fuhr mit ihren Dienerinnen zum Fluß. Danach badeten sie und spielten Ball. Als der Ball in den Fluß fiel, schrien die Mädchen. Odysseus erwachte und deckte sich mit einem Zweig die Blöße. Die Mädchen liefen voll Schreck davon. Nur Nausikaa blieb, von Athene ermutigt. Odysseus bat sie um Hilfe und um ein Laken. Nausikaa rief die Mädchen zurück. Diese gaben ihm Kleidung und Salböl. Odysseus badete, trank und aß. Er folgte der Nausikaa in die Stadt.

Nach Homer hat Alkman das Thema in einer Dichtung behandelt.

Darstellungen des Nausikaa-Abenteuers sind nur in äußerst geringer Zahl erhalten. Die bei weitem früheste, in der Mitte des 6. Jh. v. Chr. entstandene, ist erst seit wenigen Jahren bekannt.[1] Sie befindet sich auf einem Exaleiptron in Balti- Taf. 39

---

[1] Od. 5, 279–492.
[1] F. Brommer, Journal Walters Art Gallery 38, 1978, 108–112. Meine Deutung wurde von J. Boardman, Journal Walters Art Gallery 39, 1981, 39, bestritten zugunsten der auf Peleus und Thetis, deren Ablehnung ich begründet hatte. Zu diesen Gründen nahm Boardman keine Stellung. Es fehlen auf der Vase in Baltimore nicht nur der Ringkampf und Namensbei-

more. Der bärtige, unbekleidete Odysseus eilt mit großem Schritt auf ein Mädchen zu und ergreift seine Hand. Fünf weitere Mädchen fliehen nach rechts, die sechste wird sich gleich anschließen. Zweifellos ist in dem ersten Mädchen, nach dessen Hand Odysseus langt, Nausikaa zu sehen. Dieses Handfassen wird bei Homer nicht erwähnt, dafür fehlt in dem Bild der Zweig, mit dem Odysseus nach Homer seine Blöße bedeckte, wenn er nicht in dem Gegenstand in seiner erhobenen linken Hand zu erkennen ist. In dem Bild ist uns eine der frühesten Darstellungen überhaupt des Odysseus erhalten.

Taf. 40   Das zeitlich nächste Bild, auf einer Münchner Amphora, ist etwa ein Jahrhundert später entstanden. Der nackte und bärtige Odysseus hält die schützenden Zweige in den Händen, Athene steht bei ihm. Nausikaa wendet sich laufend weg, blickt aber doch zurück. Das folgende Mädchen läuft davon, die drei Mädchen auf der Rückseite sind, entgegen dem Text Homers, noch mit der Wäsche beschäftigt und haben die Ankunft des Odysseus noch nicht bemerkt.

Taf. 41   Wieder fast ein halbes Jahrhundert später wurde die Bostoner Pyxis geschaffen, auf der Odysseus die Zweige vor seine Blöße hält und obendrein noch um den Hals den Schleier der Ino Leukothea trägt, den er bei Homer gleich bei der Landung in das Meer zurückgeworfen hat. Bei ihm steht wieder Athene. Rechts und links von der Gruppe läuft je ein Mädchen davon. Es folgen die stehenbleibende Nausikaa und ein Mädchen, das, wie auf der Münchner Amphora, noch vom Auftauchen des Odysseus ungestört, sich mit Waschen beschäftigt.

Zeitlich zwischen den beiden letzten Vasen ist ein Kantharos in London entstanden, der einen Auszug aus dem Geschehen wiedergibt: Odysseus mit Zweig und eine vor Schreck fast zu Boden sinkende Gefährtin der Nausikaa.

Diese vier attischen Vasen sind alles, was sich von der Nausikaa-Sage in der griechischen Kunst erhalten hat. Das ist um so merkwürdiger, als das Thema Eingang in die große Kunst gefunden hat. Von Sophokles stammt ein Drama ›Nausikaa‹, in dem der Dichter selber als Ballspieler und Tänzer aufgetreten ist.

Pausanias (I 22, 6) erwähnt ein Gemälde des Polygnot mit diesem Thema. Man[2] hat sogar vorgeschlagen, die rotfigurigen Vasenbilder auf das große Gemälde zurückzuführen, aber dafür sind sie zu verschieden voneinander.

Pausanias (V 19, 9) berichtet ferner von der archaischen Lade des Kypselos, daß auf ihr Jungfrauen mit Maultieren dargestellt seien, von denen man annehme, daß es sich um Nausikaa und eine Dienerin auf dem Wege zum Waschen handle. Diese

schriften, sondern auch die Verwandlungsattribute der Thetis (Feuer, Schlange, Löwe, Panther, Ketos) und Delphine in den Händen der Mädchen, es fehlen auch Nereus und Chiron, der Altar und das Schwert, das Peleus gelegentlich trägt. Es fehlen mit anderen Worten sämtliche Hinweise, die eine Deutung auf Peleus und Thetis stützen könnten. Unter den fast 200 attisch-schwarzfigurigen Darstellungen vom Kampf des Peleus mit Thetis eine zu finden, bei der dies alles der Fall ist und bei der Peleus obendrein bärtig und unbekleidet ist, dürfte schwerfallen.

[2] F. Hauser, Text FR 138. – E. Simon, AJA 67, 1963, 59f. – Touchefeu-Meynier, Thèmes Odysséens 286.

Deutung ist von der Wissenschaft verschiedentlich [3] angezweifelt worden, aber sie ist nach dem Auftauchen der ebenfalls archaischen Vase in Baltimore nicht mehr so unwahrscheinlich. Trifft diese Deutung zu, dann ist auch die der etruskischen Stele,[4] auf der man ein Gespann (Nausikaa?) und einen schwimmenden Mann (Odysseus?) sieht, nicht auszuschließen. Die beiden letztgenannten Denkmäler wären dann die bisher einzigen außerattischen.

Taf. 39

Auf einer tabula Odysseaca [5] hat man den nackten Odysseus, der von einer Dienerin der Nausikaa bekleidet wird, zu erkennen geglaubt. Diese kaiserzeitliche Darstellung hat also wieder eine andere Phase des Geschehens ausgewählt, als es die Vasen, die Lade und die Stele taten.

Die wenigen Bilder reichen demnach von der Mitte des 6. Jh. v. Chr. bis in die frühe Kaiserzeit.

Phäaken

Der übrige so episodenreiche und sich über mehrere Gesänge der ›Odyssee‹ hinziehende Aufenthalt bei den Phäaken hat kaum ein Echo in der bildenden Kunst gefunden. Es gibt nur einen italischen Glockenkrater im Louvre, auf dem eine Phlyakenposse dargestellt ist, deren Personen vielleicht Odysseus, Arete und Alkinoos sind.

Sonst hat sich nur eine tabula Odysseaca im Vatikan erhalten, auf der mehrere kaum zu erkennende Phäakenepisoden dargestellt sind.

---

[3] Zuletzt U. Höckmann, Die Bronzen aus dem Fürstengrab von Castel San Marino 135 G 4, 139.
[4] Hampe-Simon, Griech. Sagen in der etrusk. Kunst 61 Anm. 38.
[5] Sadurska Nr. 16 Taf. 15.

HEIMKEHR

Nach unendlichem Leiden kam heim nun der Dulder Odysseus,
aber er hat sich gewiß ob Landen und Meeren für ewig
Ruhm bei der Nachwelt erworben, der Städtezerstörer Odysseus.
Anth. Gr. IX 472   Anonym

Alle Gewässer durchkreuzt, die Heimat zu finden, Odysseus;
durch der Skylla Gebell, durch der Charybdis Gefahr
durch die Schrecken des feindlichen Meeres, durch die Schrecken des Landes
selber in Aides Reich führt ihn die irrende Fahrt.
Endlich trägt das Geschick ihn schlafend an Ithakas Küste;
er erwacht und erkennt jammernd das Vaterland nicht.

Friedrich Schiller

Ankunft

Mit reichen Gaben beschenkt entsandten die Phäaken den Odysseus in seine Heimat. Bei Dunkelheit kamen sie dort an, trugen den Schlafenden an Land[1] und fuhren wieder nach Hause. Poseidon versteinerte das Schiff auf der Heimfahrt dicht bei Scheria. Odysseus erwachte und erkannte seine Heimatinsel nicht, bis ihn Athene in Gestalt eines Jünglings belehrte. Sie barg mit ihm die Schätze in einer Höhle. Sie verwandelte ihn in einen alten Bettler und riet ihm, zunächst zum Sauhirten zu gehen.[2]

Abb. 41   Auf einer Reliefschale, die schon bei Sirenen und Charybdis zu erwähnen gewesen war, sieht man noch ein viertes Mal ein Schiff, dessen Segel gerefft sind und dessen Mastbaum gerade von zwei Männern niedergelegt wird. Zweifellos sind es die Phäaken bei der Einfahrt in Ithaka. Odysseus ist nicht zu sehen.

Auf einem Sarkophag des 3. Jh. n. Chr. sieht man in einer vielfältigen Hafenszene auch ein Schiff einfahren, in dem groß, die Ruderer weit überragend, ein Mann mit Pilos und Schwert steht. Man hat in ihm Odysseus erkannt, der nach langen Irrungen heimkommt. Der Sarkophag wäre demnach eine Metapher für das Gelangen zum letzten Ziel. Gemäß dieser Absicht war eine genaue Entsprechung zu Homer auch nicht vonnöten.

---

[1] Od. 13, 117 ff. vgl. 16, 227–232; 19, 278 f.; 23, 338.
[2] Od. 13, 1–440.

Eumaios

Von der Begegnung des Odysseus mit Eumaios berichtet Homer im ganzen 14. Gesang der ›Odyssee‹ und darüber hinaus. Telemach kam auf Veranlassung von Athene in Ithaka an und ging zu Eumaios (Od. 15, 1– 557). Odysseus gab sich auf Aufforderung der Athene seinem Sohn zu erkennen und bat ihn, die Freier zu nennen. Telemach sagte, daß es 108 wären, dazu Diener, Herold und Sänger. Odysseus forderte ihn auf, morgens nach Hause zu gehen. Er würde folgen. Wenn er ihm ein Zeichen gebe, solle er die Waffen aus der Halle entfernen. Niemand dürfe wissen, daß er Odysseus sei (Od. 16, 1–481).

Auf einer attisch-rotfigurigen Oinochoe in Tübingen, die bald nach der Mitte des 5. Jh. v. Chr. entstanden sein wird, geht Odysseus gebückt am Stock. Er trägt über seinem Gewand ein Fell, dazu den Pilos und den Reisesack. Ihm zugewandt steht bei einer Schweineherde eine Gestalt, sicher Eumaios. Taf. 45

Auch auf einer Pelike in Cambridge ist vielleicht dasselbe Thema gemeint. Jedenfalls sieht man einen Pilosträger und einen anderen Mann mit zwei Körben an einer geschulterten Tragestange und vor ihm zwei Schweine.

In schwer zu erkennendem Marmorrelief stellt eine tabula Odysseaca im Vatikan das Thema dar.

Zusammen mit den bei Eurykleia und dem Freiermord zu erwähnenden Darstellungen sind dies alle uns bekannten von Eumaios. In der großen Kunst scheint das Thema nicht behandelt worden zu sein.

Hund Argos

Als sich im zwanzigsten Jahr Odysseus nach Hause gerettet,
da erkannte sein Hund Argos ihn an der Gestalt...
Anth. Gr. XI 77   Lukillios

Als Odysseus zu seinem Haus kam, lag dort[1] der Hund Argos, den Odysseus aufgezogen hatte, verwahrlost auf dem Mist. Er wedelte mit dem Schweif und senkte beide Ohren, vermochte aber nicht mehr, zu seinem Herrn zu kommen und starb.

Die Wiederbegegnung mit dem Hund scheint in der Vasenmalerei nicht dargestellt worden zu sein. Außer den hier bei Penelope zu erwähnenden Denkmälern ist vor allem ein römischer Sarkophag in Neapel zu nennen, auf dem der Hund im Gegensatz zu der Schilderung der ›Odyssee‹ zu dem sitzenden Odysseus herankommt. Dazu kommen Gemmen und eine Münze des C. Mamilius Limetanus (82–81 v. Chr.), der seinen Stammbaum von Odysseus herleitete. Abb. 47 Taf. 37c

Der bei Homer geschilderte Tod des Hundes wird nicht dargestellt.

---

[1] Od. 19, 291 ff.

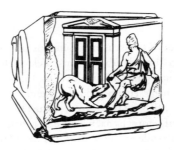

Abb. 47   Neapel. Sarkophag.

EURYKLEIA

Sag, du listiger Held, warum streckst du in Telemachs Beisein und in Penelopes Nähe so ängstlich erschrocken die Hand aus? Niemals erzählt deine Amme dein Zugeständnis den Freiern.
Anth. Gr. IX 816   Anonym

Penelope gab der Eurykleia, die den Odysseus ernährt und aufgezogen hatte,[1] den Auftrag, dem Odysseus die Füße zu waschen. Eurykleia fand, daß der Fremde dem Odysseus ähnlich sehe. Sie erkannte ihn an der Narbe, die ihm in seiner Jugend ein Eber beigebracht hatte. Sie ließ den Fuß los, der in die Wanne fiel. Diese kippte um, und das Wasser ergoß sich über den Boden.[2] Odysseus griff mit der Rechten ihre Kehle und flüsterte ihr zu, zu schweigen.

Abb. 48   Die Erkennung des Odysseus durch Eurykleia ist nur auf wenigen Vasen dargestellt. Die früheste ist ein klassischer, bald nach 440 v. Chr. entstandener Skyphos in Chiusi. Eurykleia, die im Vasenbild, im Unterschied zu Homer, vielleicht unter dem Einfluß der Tragödie, Antiphatta genannt ist, kniet vor dem Waschbecken, über das Odysseus stehend seinen rechten Fuß hält. Hinter Eurykleia steht Eumaios, ebenfalls namentlich bezeichnet, der mit der Rechten etwas zum Essen reicht. Es ist also die Ankunft des Odysseus, seine Aufnahme durch Eumaios und die Erkennung durch Eurykleia in ein Bild zusammengezogen.

Auf einer Pelike des 4. Jh. v. Chr. in Rhodos sitzt Odysseus, umgeben von drei weiblichen und einer männlichen Gestalt, abweichend von Homer, vor der bei dem Waschbecken hockenden Eurykleia.

Auf einem fragmentarisch erhaltenen unteritalischen Volutenkrater wohnen der Szene ein Jüngling und eine ebenfalls stehende Frau bei. Offensichtlich handelt es sich um Telemach und Penelope.

Auf einem Reliefbecherbruchstück in Volo bringt die als „Amme" bezeichnete

[1] Od. 19, 353.
[2] Od. 19, 470.

Abb. 48   Chiusi. Skyphos.

Abb. 49   Florenz. Sarkophag.

Eurykleia das Becken zu Odysseus. Das Thema begegnet auch auf einer nicht näher beschriebenen Relieflekythos mit drei Figuren in Pästum.

Außerhalb der Vasenmalerei ist das früheste Denkmal ein in zwei Exemplaren erhaltenes 'melisches Relief' aus Ton. Es ist etwas vor dem frühesten Vasenbild entstanden und gibt ebenfalls, entgegen dem Text Homers, Telemach und Penelope bei der Fußwaschung wieder. Taf. 42b

Dem 4. Jh. gehört vielleicht noch an ein Weihrelief aus Thessalien, das ungewöhnlicherweise, für ein Weihrelief einmalig, die Fußwaschungsszene wiedergibt, und zwar in Verbindung mit der an ihrem Webstuhl stehenden Penelope. Odys- Taf. 43

seus streckt seine Hand zum Kinn der Eurykleia aus, und sie zum Schweigen zu veranlassen.

Die zeitlich nächsten Reliefs gehören erst der Kaiserzeit an. Mehrere 'Campanareliefs' haben sich erhalten, auf denen Odysseus der Eurykleia den Mund zuhält und sich zu dem von links herankommenden Eumaios umwendet. Das Thema begegnet ganz ähnlich, gewiß vom selben Vorbild abhängig, auf römischen Sarkophagen.

Abb. 49

Mehrfach kommt das Thema auch auf Gemmen vor. Eine noch aus dem 8. Jh. v. Chr. stammende Gemme in New York stellt einen sitzenden Mann mit ausgestrecktem Bein und eine vor ihm sitzende Frau dar. Wenn dies die Fußwaschungsszene sein sollte, dann wäre es die bei weitem früheste Darstellung. Das Waschbecken fehlt allerdings.

Die Darstellungen sind also mit Sicherheit seit der Mitte des 5. Jh. v. Chr., vielleicht sogar schon seit dem 8. Jh. v. Chr. zu beobachten und reichen bis in die Kaiserzeit. Abweichungen vom Text Homers sind häufig und lassen sich in der Anwesenheit von Eumaios, Telemach oder Penelope erkennen.

PENELOPE

Dieses Gewand und den Mantel, Penelope, hat dir Odysseus, nun er die riesige Fahrt endlich geschafft hat, gebracht.

Anth. Gr. VI 314   Nikodemos von Heraklea

In der ›Odyssee‹[1] fragte Penelope den als Bettler auftretenden Odysseus nach seiner Herkunft. Sie sagte ihm, daß sie die Freier betrogen habe mit der Angabe, ein Leichentuch für Laertes weben zu müssen, bevor sie wieder heiraten könne. Tagsüber habe sie gewebt, jedoch nachts das Gewebte wieder aufgelöst bis sie durch die Mägde verraten worden sei.[2] Odysseus gab sich als Kreter aus. Er habe gehört, daß Odysseus auf dem Heimweg schon bei den Thesproten sei. Penelope glaubte ihm nicht. Sie erklärte ihre Bereitschaft, den zu heiraten, der mit dem Bogen des Odysseus durch zwölf Äxte hindurchschießt.[3] Telemach stellte die Äxte auf. Er, Leiodes und die übrigen Freier versuchten vergeblich, den Bogen zu spannen. Odysseus gab sich Eumaios und Philoitios mit Hilfe seiner Narbe zu erkennen und versicherte sich ihrer Hilfe. Eurykleia erhielt den Auftrag, das Frauengemach zu verschließen. Philoitios verschloß das Hoftor. Odysseus spannte den Bogen und schoß durch sämtliche Äxte.[4] Von dem Vorgang gibt es keine bildliche Darstellung.

[1] Od. 19, 104.
[2] Vgl. Od. 24, 132 ff.; 2, 96–110; 19, 138–156.
[3] Od. 19, 422.
[4] Od. 21, 422. Auf dem Bruchstück eines homerischen Bechers in Volo BE 974 (AAA 13, 1980, 2162 ff. Abb. 11) waren nach der antiken Inschrift die Beile und Penelope dargestellt.

Abb. 50   Parma. Stamnos.

Nach dem anschließenden Freiermord ließ Odysseus die Penelope durch Eurykleia holen.[5] Odysseus saß an die Säule gelehnt, als Penelope kam.[6] Er befahl, zum Tanzen zu rüsten, damit der Mord nicht so schnell bekannt würde. Es wurde getanzt.[7] Odysseus badete und setzte sich der Penelope gegenüber auf einen Thron. Penelope befahl, ihm das Bett aus der Kammer, die er selbst gemacht habe, zu bringen. Odysseus erwiderte, wie er aus dem dort stehenden Ölbaum den Pfosten für das Bett gemacht habe. Daran erkannte Penelope ihn und umarmte ihn weinend.[8] Erst als sie schlafen gingen, ließen Telemach und die Hirten den Tanz anhalten.[9]

Die frühesten Darstellungen der Wiederbegegnung von Odysseus und Penelope befinden sich erst auf 'melischen Reliefs' aus der Mitte des 5. Jh. v. Chr. In ihnen haben sich drei einander sehr ähnliche Fassungen erhalten. Penelope sitzt, ihren Wollkorb neben sich, mit traurig aufgestütztem Kopf auf einem Schemel. Odysseus naht sich ihr als flehender Bettler.

Taf. 42a

Das Thema hat in der Vasenmalerei keine Rolle gespielt. Es gibt nur einen etruskisch-rotfigurigen Stamnos in Parma, auf dem es wahrscheinlich dargestellt ist.

Abb. 50

[5] Od. 22, 482.
[6] Od. 25, 90.
[7] Od. 23, 146.
[8] Od. 23, 207.
[9] Od. 23, 297 ff.

Odysseus, der auch auf der anderen Seite des Gefäßes vorkommt, streckt grüßend seine Hand aus und wird von einer ebenso grüßenden Frau und einem Hund begrüßt. Es handelt sich [10] um eine allgemeine Version der Heimkehr, die nicht einem Abschnitt der ›Odyssee‹ entspricht. Der Maler erinnerte sich, daß Odysseus heimkam und durch seine Frau und den Hund begrüßt wurde.

Wegen der Ähnlichkeit mit diesem Vasenbild wird auch der gleichfalls etruskische Spiegel im Britischen Museum mit seinen fünf Repliken,[11] bei dem auch in der Mitte der Hund wiederkehrt, auf dieses Thema zu beziehen sein. Es fällt auf, daß das Thema in der attischen Kunst nicht vertreten ist.

Vier pompejanische Gemälde gehen zweifellos auf dasselbe Vorbild zurück. Odysseus mit einem Pilos auf dem Kopf sitzt auf einer Walze. Rechts von ihr steht Penelope, die mit der rechten Hand ihr Kinn berührt, während der linke Arm ganz vom Gewand verhüllt und der Unterarm waagrecht vor den Körper gelegt ist. Daß Odysseus auf einer Walze[12] sitzt, kommt bei Homer nicht vor, ist aber auch kein Einfall des Malers, da dies auch auf verschiedenen Gemmen dargestellt ist. Das Motiv geht wohl auf eine unbekannte literarische Quelle zurück.

Taf. 47 Ein späterer Augenblick als auf den pompejanischen Gemälden ist auf einem Mosaik aus Apamea in Brüssel dargestellt. Hier sieht man am linken Rand Odysseus, der, an seinem Pilos kenntlich, in der Linken eine Lanze hält und von Penelope umarmt wird. Den Hauptteil des Bildes nimmt ein Tanz von sechs Dienerinnen ein, die als solche inschriftlich bezeichnet sind. Zweifellos handelt es sich um den von Odysseus angeordneten Tanz nach dem Freiermord. Es ist die einzige erhaltene Darstellung dieses Tanzes.

FREIERMORD

Falsch – das zeigt schon Homer – und boshaft sind sämtliche Frauen;
keusch oder unkeusch, es bringt jede Verderben herbei.
Wenn sich die Männer gemordet, Schuld hatte der Helena Ehbruch,
aber durch Züchtigkeit auch brachte Penelope Tod.
Eine einzige Frau veranlaßt der Ilias Leiden,
und die Penelope liegt der Odysseia zugrund.
Anth. Gr. IX 166   Palladas

Nach dem Bogenschuß erschoß Odysseus den Antinoos. Eurymachos forderte die Freier auf, sich mit den Tischen zu decken[1] und mit den Schwertern zu kämpfen. Odysseus tötete auch ihn. Telemach tötete den Amphinomos mit dem Speer und holte Waffen aus der Kammer. Als Odysseus die Pfeile verschossen hatte,

---

[10] J. D. Beazley, EVP 54, 3.
[11] E. Hill Richardson, RM 89, 1982, 27ff. Taf. 8–10.
[12] Walze auch bei der Begegnung mit Hund Argos auf einer Gemme. Deswegen ist die Deutung der Gemälde auf Penelope auch wahrscheinlicher, als die auf Kalypso, die von Lucas, ÖJh 32, 1940, 54ff. vertreten wurde.
[1] Od. 22, 74.

griff er zu den Speeren und kämpfte mit Telemach, Eumaios und dem Rinderhirten Philoitios auf seiner Seite weiter. Der Ziegenhirte Melantheus holte Waffen für die Freier aus der Kammer, die Telemach versehentlich nicht verschlossen hatte.[2] Er wurde von Eumaios und Philoitios gefesselt und an der Säule hochgezogen.[3] Athene stand dem Odysseus bei.[4] Dieser tötete den Demoptolemos, Telemach den Euryades, die Hirten den Elatos und Peisandros. Odysseus tötete den Eurydamas, Telemach den Amphimedon und die Hirten den Polybos und Ktesippos. Odysseus stach den Sohn des Damastor nieder und Telemach den Leiokritos. Odysseus tötete den Leiodes, verschonte aber den Sänger Phemios und den Herold Medon.[5] Nach der Erlegung der Freier ließ er Eurykleia rufen und ließ sich die Mägde nennen, die ihn mißachteten, und die, die schuldlos blieben. Er ließ die Frauen die Toten hinaustragen und den Saal reinigen. Telemach tötete die ungetreuen Mägde durch Erhängen und tötete auch den Melantheus.[6]

Der Freiermord, der im ganzen 22. Gesang der ›Odyssee‹ behandelt wird und eine so gewichtige Stellung einnimmt, ist in der bildenden Kunst Griechenlands merkwürdig wenig dargestellt worden. Aus der vorklassischen Zeit ist uns überhaupt keine Darstellung erhalten, obwohl man denken sollte, daß das kampfbewegte Thema der archaischen Kunst gelegen hätte.

Die früheste Darstellung findet sich auf einem etwa um 440 v. Chr. entstandenen Berliner Skyphos. Auf der einen Seite steht Odysseus und schießt mit dem Bogen. Hinter ihm stehen mit angstvoller Gebärde zwei Frauen, sicher Mägde, obwohl nach dem Text Homers die Mägde diesem Kampf nicht beiwohnen. Auf der anderen Seite sind drei Freier wiedergegeben. Einer, der auf der Kline kniet, ist bereits im Rücken von einem Pfeil getroffen worden. Ein zweiter auf einer Kline Sitzender streckt sein Gewand wie einen Schild zum Schutz aus. Ein dritter verbirgt sich hinter einem Tisch, wie es Eurymachos geraten hatte. Die Erfindung der Szene zeugt von großem Können. Man hat daher schon vermutet, daß sie auf ein Gemälde des Polygnot zurückgeht, in dem allerdings nach dem Zeugnis des Pausanias[7] Odysseus nach vollbrachter Tat dargestellt war.[8]

Taf. 48

Nur auf einer weiteren attischen Vase in New York scheint Odysseus beim Freiermord dargestellt zu sein, aber nur er allein als Auszug aus dem vielfigurigen Geschehen. Damit sind bereits alle attischen Vasenbilder genannt.

Es folgen zwei apulische. Das eine ist ein großes Fragment eines Kelchkraters, das am Anfang des 4. Jh. v. Chr. entstanden ist. Odysseus ist nicht erhalten, aber sein Wirken ist sichtbar: In verschiedenen der fünf wiedergegebenen Freier stekken Pfeile. Ein weiterer Pfeil fliegt über dem Freier am weitesten rechts. In der Mitte des Bildes hat ein Unbärtiger, zweifellos Telemach, einen bärtigen Freier

[2] Od. 22, 142.
[3] Od. 22, 193.
[4] Od. 22, 205.
[5] Od. 22, 356 ff.
[6] Od. 22, 1–501.
[7] Paus. IX 4, 1.
[8] E. Buschor, Text zu FR 142 wandte sich gegen eine Beziehung auf Polygnot.

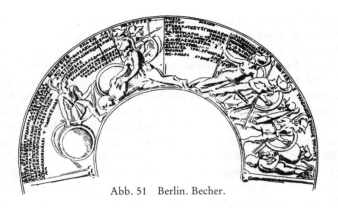

Abb. 51 Berlin. Becher.

Abb. 52 Berlin. Becher.

gepackt. Die Freier haben Tisch und Kottabosständer ergriffen und schleudern sie als Wurfgeschosse, sie breiten ihr Gewand und ein Tuch zum Schutz aus. Ein lebhaftes Kampfgetümmel ist im Gang.

Das andere apulische Bild zieht sich als ein Streifen rund um ein Gefäß. Odysseus schießt mit dem Bogen. Hinter ihm stürmt Telemach mit dem Schild nach rechts. Sieben Freier haben Geräte ergriffen und wehren sich oder brechen zusammen. Ein Hund, der bei Homer nicht vorkommt, greift ein.

Es bleiben unter den Vasen nur noch Reliefbecher übrig. Auf einem Bruchstück in Saloniki sieht man den Beginn des Kampfes.

Abb. 51, 52 Auf einem Becher in Berlin ist das Geschehen in vier Phasen aufgeteilt: Melanthios holt Waffen aus der Kammer. Er wird von Eumaios und Philoitios gefesselt. Athene ermutigt Odysseus und Telemach. Melanthios wird gehängt. Von allen vier Episoden ist dies die einzige erhaltene Darstellung.

Ein weiterer Becher in Berlin vereint drei Episoden: Medon fleht Telemach um Gnade an, Leiodes wird von Odysseus getötet, Phemios bittet um Gnade. Auch von diesen drei Episoden bietet der Becher die einzigen erhaltenen Darstellungen.

Abb. 53   Wien. Fries.

Abb. 54   Volterra. Urne.

Die früheste Wiedergabe des Themas außerhalb der Vasenmalerei befindet sich Abb. 53
auf dem Fries von Gölbaschi und ist beträchtlich später als das früheste Vasenbild
der Sage entstanden. Zwei Räume sind wiedergegeben. In einem befindet sich
Penelope mit ihren Mägden sowie der davoneilende Eumaios. Im anderen Raum
schießt Odysseus mit dem Bogen, hinter ihm dringt Telemach mit gezücktem
Schwert vor. Die vierzehn Freier liegen meist noch auf ihren Klinen, sind zum Teil
schon von Pfeilen getroffen und suchen sich vor den Schüssen zu schützen.

Darin, daß sich Eumaios bei Kampfbeginn noch in den Räumen der Penelope
aufhält, unterscheidet sich das Relief von Homer. Der Freiermord ist das einzige
Odysseusthema am Fries von Gölbaschi. Sonst ist aus der großen Kunst nur noch
das schon erwähnte Gemälde des Polygnot[9] überliefert und ein weiteres Gemälde
eines unbekannten Malers und unbestimmter Zeit, das sich in Korinth befand[10],
und dessen Auffassung uns auch nicht bekannt ist.

Am häufigsten begegnet das Thema überraschenderweise auf etruskischen Ur- Abb. 54
nen, von denen sich nicht weniger als elf erhalten haben. Teils sind Odysseus und

[9] Paus. IX 4, 1.
[10] Paus. II 3, 3.

Penelope bei den Freiern noch vor dem eigentlichen Kampf dargestellt, teils ist der Kampf selbst wiedergegeben mit den Freiern noch auf den Klinen oder ohne die Klinen. Das Thema ist also auf verschiedene Weise gestaltet worden. Es liegen mindestens sieben verschiedene Entwürfe zugrunde. Das Thema hat demnach wie der Aufenthalt in der Unterwelt in der etruskischen Kunst ein größeres Interesse gefunden als in der griechischen. Eine Besonderheit ist, daß entgegen dem Text von Homer auch Mägde vorkommen.

Die spätesten erhaltenen Bilder befinden sich auf drei römischen Sarkophagen, die fragmentarisch erhalten sind und auf denen ein heftiges Kampfgetümmel herrscht.

Das früheste Denkmal, von dem wir wissen, bleibt das Gemälde des Polygnot. Keine einzige der späteren Darstellungen gibt, wie es dort geschehen ist, den Augenblick nach dem Kampf wieder.

Penelope und die Freier

Dieses Thema ist auf einem frühklassischen Stangenkrater in Syrakus dargestellt, der ein bis zwei Jahrzehnte vor dem frühesten erhaltenen Bild des Freiermordes entstanden ist. Penelope sitzt am rechten Bildrand. Von links kommen die Freier und bringen ihre Gaben.

Abb. 46 Auf einem Reliefbecherfragment in Volo steht Penelope, deren Name erhalten ist, vor den gelagerten Freiern. Ob Odysseus anwesend war, wie auf einigen etruskischen Urnen, läßt sich nicht sagen.

Auf einem Gemälde aus Stabiä hält Penelope den Bogen des Odysseus.

Laertes

Selbst einen Felsen zernagt die Länge der Zeit, sie verschont auch
nicht das Eisen und mäht alles in nämlichem Schwung.
So auch das Grab des Laertes, das nur noch vom strömenden Regen
hier, nicht fern vom Gestad, kühl eine Spende empfängt.
Ewig frisch aber bleibt der Name des Heros: nie breitet,
ob sie auch wollte, die Zeit Nacht über Dichters Gesang.
Anth. Gr. VII 225   Anonym

Nach dem Freiermord gingen Odysseus und seine Begleiter zum Gut des Laertes.[1] Dort erzählte Odysseus erst eine Lügengeschichte, gab sich dann aber zu erkennen und umarmte ihn.[2] Er zeigte ihm die Narbe als Erkennungszeichen und nannte ihm die Obstbäume, die ihm als Kind Laertes schenkte. Da umarmte auch Laertes seinen Sohn.

[1] Od. 24, 213 ff.
[2] Od. 24, 320.

Vom Zusammentreffen des Odysseus mit seinem Vater Laertes ist nur ein kai- Taf. 44
serzeitliches Relieffragment in Rom bekannt, in dem sich beide Männer umarmen.
In der Vasenmalerei scheint das Thema nicht dargestellt worden zu sein.

Ereignisse nach dem Freiermord

In der Stadt verbreitete sich das Gerücht vom Tod der Freier. Die Toten wurden geholt und bestattet. Eupeithes forderte zum Zug gegen Odysseus auf. Medon sagte, daß die Tat nicht wider den Willen der Götter geschehen sei. Halitherses forderte zum Bleiben auf, doch mehr als die Hälfte folgte dem Eupeithes. Odysseus und die Seinen bewaffneten sich. Odysseus tötete den Eupeithes. Athene beendete den Kampf.[1]

Von dem Vorgang gibt es keine bildlichen Darstellungen.

Ende des Odysseus

An drei Stellen der ›Odyssee‹[1] wird geschildert, wie das Leben des Odysseus nach dem Freiermord weitergehen würde. Teiresias sagt ihm, er solle mit einem Ruder über Land wandern bis er in eine Gegend käme, wo man kein Meer kenne und kein Salz. Wenn ihm ein Mann begegnen würde, der ihm sagen würde, er trage eine Worflerschaufel, dann solle er dort das Ruder in die Erde stoßen und dem Poseidon ein Opfer von Widder, Stier und Eber bringen, dann nach Hause zurückkehren und den Göttern opfern. Er würde fern vom Meer in hohem Alter sanft sterben. Seine Völker würden glücklich sein. Zeus versprach, daß die Angehörigen der getöteten Freier den Mord vergessen würden und daß sie in Freundschaft, Frieden und Reichtum miteinander wohnen würden.

Die Geschichte mit dem Ruder ist in der Vasenmalerei und in der großen Kunst nicht dargestellt worden. Nur Gemmen sind zu nennen.[2]

---

[1] Od. 24, 1–548.
[1] Od. 11, 120; 23, 267 ff.; 24, 482.
[2] DL III 292, dazu Leningrad Granat AG Taf. 34, 27. – Oxford 1888. 458. Boardman-Vollenweider Nr. 380.

TYPOLOGIE DES ODYSSEUS

Nach den Angaben der antiken Literatur[1] hat als erster der Maler Nikomachos den Odysseus mit Pilos als Kopfbedeckung dargestellt. Andere Angaben schreiben diese Tat dem Apollodoros zu. Mit ihm kommen wir in die Zeit um 400 v. Chr., mit Nikomachos etwa ein halbes Jahrhundert später. Wer hat recht? Man hat geantwortet: Keiner, denn der Pilos sei bei Odysseus deutlich in früheren Vasenbildern zu sehen.[2] Das ist zweifellos der Fall. Aber kann man auch sagen, daß der Pilos in den frühen Bildern bereits ein festes Attribut des Helden ist? Dazu ist eine eingehendere Betrachtung nötig. In keinem der vor dem 6. Jh. v. Chr. entstandenen Bilder ist Odysseus durch irgendein Attribut unter seinen Gefährten hervorgehoben. Er ist von ihnen nicht unterschieden. Mit Ausnahme der Bilder, auf denen er als Krieger wiedergegeben ist,[3] trägt er auf allen Bildern bis nach der Mitte des 6. Jh. keine Kopfbedeckung.

Etwa zu Anfang des letzten Viertels vom 6. Jh. trägt er gelegentlich den Petasos auf dem Kopf oder im Nacken und in seltenen Fällen den Pilos mit Krempe.[4] Aber auch in dieser Zeit ist die Kopfbedeckung für ihn kein Kennzeichen. Seine Gefährten können den gleichen Petasos tragen, und er selbst kann ihn auch entbehren. Wie Abb. 6 wenig die Kopfbedeckung ein Attribut ist, zeigt die Leningrader Dolonschale.[5] Odysseus und Diomedes tragen beide auf der einen Seite den Pilos, auf der anderen den Petasos. Es wird keineswegs der Versuch unternommen, die beiden Helden durch die Kopfbedeckung zu unterscheiden. Bis zur spätarchaischen Zeit ergibt sich die Kopfbedeckung für Odysseus nur aus der Situation, so der Helm beim Kampf, der Petasos auf der Reise. Keine bestimmte Kopfbedeckung ist für ihn allgemein typisch. Er kann einen Helm, einen Petasos, einen Pilos mit oder ohne Krempe tragen oder auch ganz ohne Kopfbedeckung wiedergegeben werden. Der Petasos ist am häufigsten. Den Pilos ohne umgeschlagene Krempe trägt Taf. 42b er zum erstenmal auf einem melischen Relief aus der Zeit vor der Mitte des 5. Jh.[6]

Vom späten 5. Jh. an häufen sich jedoch die Bilder von Odysseus mit Pilos. Ein sicheres, mit Namensbeischrift versehenes Bild ist beispielsweise auf der Amphora Abb. 12 in Neapel:[7] Odysseus trägt den Pilos, Diomedes den Petasos. Man möchte daher auch auf den anderen späteren oder gleichzeitigen Bildern, wo die beiden Helden

---

[1] Für Nikomachos: Plinius, n. h. 35,108. – Servius, Aen. II 44. – Für Apollodoros: Schol. Il. X 265. – Hesych s. v. skia.
[2] Stanford (-Luce), The quest for Ulysses 157.
[3] VL³ 380 C 2; 432 C 1.
[4] VL³ 430 A 3; 441 A 1.
[5] VL³ 424 B 2.
[6] DL III 2 u.
[7] VL³ 425 B 3.

mit verschiedenen Kopfbedeckungen versehen sind,[8] in dem mit Pilos Odysseus erkennen. Bestätigt wird dies durch die Rhesosbilder,[9] wo Odysseus mit Pilos die Pferde hält und durch die Londoner Kyklops-Amphora.[10]　Abb. 8　Taf. 16
Seit dem Ende des 5. Jh. scheint also der Pilos für Odysseus ein Kennzeichen geworden zu sein, allerdings kein unerläßliches, denn er fehlt mehrfach.[11] Daß sich dies im letzten Viertel des 5. Jh. erst allmählich durchsetzt, geht auch daraus hervor, daß auf dem Pariser Krater mit der Beschwörung des Teiresias[12] nicht Odysseus den Pilos trägt, sondern einer seiner Gefährten. Abb. 39

Auf den böotischen Kabirionvasen des 4. Jh.[13] und auf den unteritalischen Vasen der gleichen Zeit[14] trägt Odysseus in der Regel den Pilos. Das gilt dann weiter für die etruskische und die römische Kunst. Abb. 34 Taf. 21, 28a

Von 400 v. Chr. an ist der Pilos also für Odysseus die Regel, wenn auch nicht gerade Gesetz. Nach dem Ausweis der Bilder haben demgemäß die antiken Angaben recht, die dem Maler Apollodoros die Verbindung des Odysseus mit dem Pilos zuschreiben.

Früher als das späte 5. Jh. sind nur zwei Darstellungen des Odysseus mit krempenlosem Pilos: Das erwähnte melische Relief und ein Dreifußbein aus Olympia,[15] bei dem allerdings die Deutung nicht völlig gesichert ist. In beiden Fällen kann es sich nur um Zufall, nicht um ein für ihre Zeit schon typisches Kennzeichen handeln. Taf. 42b, Abb. 1

Odysseus wird im allgemeinen bärtig wiedergegeben. Wenn man Unbärtige unter dem Widder bei der Flucht aus der Höhle des Polyphem sieht, so werden wohl eher seine Gefährten gemeint sein.[16] Erst seit dem späten 5. Jh. wird er gelegentlich unbärtig wiedergegeben, und zwar vorwiegend auf nichtattischen Denkmälern.[17]

[8] VL³ 424 D 1, 2, 3.
[9] VL³ 440 D 1, 2.
[10] VL³ 437 D 1.
[11] VL³ 344 D 1; 431 D 7; 425 D 4.
[12] VL³ 447 D 1.
[13] VL³ 431 D 1, 2.
[14] VL³ 432 D 1; 442 D 1.
[15] DL II 90, 4 o.
[16] VL³ 437, 1; 438, 3, 15; 439, 2. – DL III 289, 1 M.
[17] VL³ 344 D 1; 425 B 3, D 5; 428 D 1; 431 D 3; 437 D 1; 447 D 2. – Etruskischer Spiegel Gerhard Taf. 385.

ODYSSEUS IN DER ANTIKEN MALEREI

Der früheste Maler, von dem wir wissen, daß er Odysseus-Themen gestaltet hat, ist Polygnot von Thasos. Er muß um oder vor 460 v. Chr. in Athen gewesen sein. Damit gehört er in die frühklassische Zeit. Archaische Gemälde mit Odysseus sind demnach nicht überliefert, obwohl der Held schon in der Vasenmalerei des 7. Jh. v. Chr. eine Rolle spielte.

Von Polygnot sind gleich mehrere Odysseusbilder bekannt, und zwar mehr als von jedem anderen antiken Maler. Er malte Achill unter den Töchtern des Lykomedes, ferner Odysseus, der bei Nausikaa steht, sowie die beiden Taten mit Diomedes, nämlich den Raub des Bogens von Philoktet in Lemnos und den des Palladions aus Troja.[1] Außerdem malte er in Delphi für die Lesche der Knidier die ›Iliupersis‹ mit Odysseus, dabei den Helden, der seine Rüstung angezogen hat, und Leokritos, den Sohn des Polydamas, getötet durch Odysseus.[2] Für dasselbe Gebäude malte er den Besuch des Odysseus in der Unterwelt,[3] dabei Perimedes und Eurylochos, seine Gefährten, die die schwarzen, als Totenopfer bestimmten Widder bringen. Ferner kam darin vor Odysseus auf seinen Füßen sitzend und ein Schwert über den Graben haltend, dem sich Teiresias nähert, dabei Elpenor, der mit einer Matte statt eines Gewandes bekleidet ist. Hinter Teiresias war Antikleia, die Mutter des Odysseus, auf einem Felsen. In Plataiaai malte Polygnot den Freiermord.[4] Polygnot hat also mindestens siebenmal Odysseus-Themen gemalt. Mit anderen Worten: Jedes zweite von ihm bekannte Bildthema hat Odysseus zum Inhalt.

Auch Aristophon, der Bruder des Polygnot, malte ein Odysseus-Thema, nämlich Priamus, Helena, Credelitas, Ulixes, Dolus,[5] also nichts anderes als den Gang des Odysseus nach Troja als Bettler.

Zeuxis, der von etwa 435 v. Chr. bis in das erste Jahrzehnt des 4. Jh. v. Chr. gearbeitet hat, malte eine Penelope.[6]

In dieselbe Zeit gehören die Maler Apollodor, Parrhasios und Timanthes.

Apollodor muß einen Odysseus gemalt haben, denn es heißt von ihm, daß er ihn als erster mit einem Pilos dargestellt habe.[7]

Parrhasios wurde in einem Künstlerwettkampf von Timanthes besiegt. Das Thema beider Bilder war der Wettstreit des Odysseus mit Aias um die Waffen

[1] Paus. I 22, 6 = SQ 1060.
[2] Paus. X 26, 3; 27, 1 = SQ 1050.
[3] Paus. X 28 = SQ 1050.
[4] Paus. IX 4, 1 = SQ 1059.
[5] Plin. n. h. 35, 138 = SQ 1127.
[6] Plin. n. h. 35, 63 = SQ 1676.
[7] Schol. Il. X 265 = SQ 1643, 1646.

Achills.[8] Außerdem malte Parrhasios Telephos, Achill, Agamemnon und Odysseus, also die Heilung des Telephos.[9] Ein drittes Odysseus-Thema des Parrhasios war der erheuchelte Wahnsinn des Helden.[10]

Von Timanthes werden in der antiken Literatur außer dem schon erwähnten Streit des Aias mit Odysseus um die Waffen Achills[8] aufgeführt eine Opferung der Iphigenie in Gegenwart von Kalchas, Odysseus, Menelaos und Agamemnon,[11] sowie ein kleines Bild vom schlafenden Kyklopen, dessen Daumen Satyrn mit einem Thyrsosstab messen.[12] Als viertes Odysseusbild dieses Malers wird die Ermordung des Palamedes genannt,[13] die sich in Ephesos befand.

Nikomachos, der etwa 360–320 v. Chr. gewirkt haben muß, hat eine Skylla gemalt.[14] Leider erfahren wir nicht, ob Odysseus dabei war. Aber auf jeden Fall hat er einen Odysseus gemalt, denn es heißt, daß er als erster den Odysseus mit einem Pilos wiedergegeben habe, was andere Autoren dem Apollodoros zuschreiben.

Weiter haben eine Skylla Androkydes[15] und Phalerion[16] gemalt. Auch in diesen beiden Fällen ist es nicht bekannt, ob Odysseus mit dargestellt war.

Pamphilos aus Amphipolis hat um die Mitte des 4. Jh. v. Chr. gewirkt. Von ihm ist ein Odysseus auf dem Floß überliefert.[17]

Ebenfalls um die Mitte des 4. Jh. v. Chr. malte Euphranor, der vom Isthmos stammte, den geheuchelten Wahnsinn des Odysseus,[18] also ein Thema, das schon Parrhasios gewählt hatte.[10] Das Gemälde befand sich in Ephesos.

In die gleiche Zeit gehört der Maler Nikias von Athen. Von ihm wird eine 'necyomantia Homeri' in Athen, also der Gang des Odysseus in die Unterwelt, überliefert,[19] sowie eine Kalypso und eine sitzende Kalypso, wobei nicht klar ist, ob es sich um ein oder zwei Kalypsobilder handelt und ob Odysseus mit dargestellt war.

Ein Maler Athenion malte Odysseus, wie er den Achill unter den Töchtern des Lykomedes entdeckt,[20] ein Thema, das wir schon von Polygnot kennen.[1]

Theoros malte mehrere Bilder vom Trojanischen Krieg, offenbar einen Zyklus, die sich in Rom befanden.[21] Ein Gemälde mit der Betrauerung des toten Antilochos in Gegenwart des Odysseus schildert Philostrat (Imag. II 7).

[8] Plin. n. h. 35, 71 = SQ 1699, 1700.
[9] Plin. n. h. 35, 71 = SQ 1707.
[10] Plut. de audiend. poet. 3 = SQ 1708.
[11] Plin. n. h. 35, 73 = SQ 1734, 1739.
[12] Plin. n. h. 35, 74 = SQ 1742.
[13] Tzetz. Chil. VIII 403 = SQ 1740, 1741.
[14] Plin. n. h. 35, 108 = SQ 1771.
[15] Athen. VIII p. 341 = SQ 1732, 1733.
[16] Plin. n. h. 35, 141 = SQ 2154.
[17] Plin. n. h. 35, 76 = SQ 1753.
[18] Plin. n. h. 35, 129 = SQ 1790.
[19] Plin. n. h. 35, 131 = SQ 1814–1816.
[20] Plin. n. h. 35, 134 = SQ 1975.
[21] Plin. n. h. 35, 138 = SQ 1946.

Schließlich erwähnt Pausanias[22] in Korinth bei der Quelle Peirene ein Gemälde mit dem Freiermord, ohne den Namen des Malers zu nennen.
Das sind mindestens zwei Dutzend Gemälde. Bedenkt man, daß die meisten von ihnen nur durch zwei antike Autoren, nämlich Pausanias und Plinius, überliefert sind, dann wird deutlich, wie zufällig die Auswahl ist. Zu diesen nur literarisch überlieferten, also nicht erhaltenen Gemälden kommen die hinzu, die in römischen Gemäldekopien und Mosaiken bewahrt blieben, deren ursprüngliche Meister aber nicht bekannt sind. Dazu gehört vor allem das Thema von Odysseus bei Achill unter den Töchtern des Lykomedes, das in nicht weniger als 27 Gemäldekopien und Mosaiken erhalten ist,[23] sowie der Zyklus vom Esquilin[24] mit den Bildern von Lästrygonen, Kirke, Unterwelt und Sirenen und schließlich der pompejanische Zyklus mit drei Bildern von der Gesandtschaft zu Achill.

Taf. 24, 25, 29

Dazu kommen die Gemälde vom Palladionraub,[25] die von Odysseus bei Kirke,[26] die Mosaiken von der Becherreichung für Polyphem,[27] die Flucht vor Polyphem[28] und dessen Verhöhnung,[29] vom Sirenenabenteuer[30] und der Unterwelt,[31] sowie die mit Odysseus und Penelope.[32]

Taf. 38, 12

Die Tatsache, daß so wenig literarisch überlieferte Themen mit den wirklich im Bild erhaltenen übereinstimmen, zeigt, daß von beiden nur ein kleiner Teil bewahrt worden ist.

Taf. 47

[22] Paus. II 3, 3.
[23] DL II 80 f.
[24] DL III 263, 4.
[25] DL III 267.
[26] DL III 276.
[27] DL III 285.
[28] DL III 289.
[29] DL III 291.
[30] DL III 296.
[31] DL III 308.
[32] DL III 280.

ODYSSEUS IN DER ANTIKEN SKULPTUR

> *Ob der Fülle der Listen war stolz der hehre Odysseus,*
> *denn er stand nicht am Ende der viel verschlungenen Kniffe;*
> *noch erglänzte sein Antlitz von findigen Plänen; im Herzen*
> *jauchzte er auf voll Freude, daß seine eigene Schläue*
> *Troja nun ganz vernichtet.*
> Anth. Gr. II 171 ff.   Christodoros von Koptos

Über das Vorkommen des Odysseus in der antiken Skulptur berichtet die antike Literatur weit weniger als über die Malerei. Pausanias[1] beschreibt die Gruppe der Helden, die zum Losen wegen des Wettkampfes mit Hektor bereit sind. Der Künstler der Gruppe in Olympia, Onatas, hat etwa zur selben Zeit gelebt wie Polygnot. Das früheste überlieferte plastische Werk des Odysseus gehört also etwa in die gleiche Zeit wie das früheste überlieferte gemalte.

Später im 5. Jh. v. Chr. ist die andere, im gleichen Heiligtum von Olympia durch denselben Schriftsteller[2] erwähnte große Gruppe von dreizehn Gestalten entstanden. Sie bildete ebenfalls ein Halbrund und stammte von Lykios, dem Sohn des Myron. Dargestellt waren Zeus, Thetis und Hemera in der Mitte sowie Achill und Memnon, Odysseus und Helenos, Menelaos und Paris, Diomedes und Aineas, Aias und Deiphobos. Die Gruppe wird kurz vor oder um die Jahrhundertmitte entstanden sein. Ein Rest der Weihinschrift hat sich gefunden[3] und ein Block, aus dem hervorgeht, daß Zeus gesessen hat.[4]

Von einem Kampf zwischen Odysseus und Helenos sagt Homer nichts. Wohl aber wird Helenos von Menelaos verwundet.[5]

Von einer Odysseus-Statue unbekannter Zeit und unbekannten Aussehens, die im Zeuxippos zu Konstantinopel stand, berichtet Christodoros.[6]

Diese drei Odysseus-Statuen sind die einzigen, die in der erhaltenen antiken Literatur erwähnt sind. In den beiden ersten Fällen steht der Held nicht allein für sich, sondern ist nur Teil einer vielfigurigen Gruppe. Im dritten Fall bildete er wohl eine Gruppe mit Hekabe, die in dem Gedicht im unmittelbaren Anschluß an Odysseus erwähnt wird.

Die übrigen Denkmäler stehen in Zusammenhang mit Odysseus, aber es ist nicht sicher, ob er selber in allen Fällen dargestellt war.

---

[1] Paus. V 25, 8 = Overbeck, SQ 425. Dazu hier S. 25.
[2] Paus. V 22, 2 = Overbeck, SQ 862. – F. Eckstein, Anathemata 16 Nr. 1.
[3] E. Kunze, 5. Ol. Ber. 149 ff. Taf. 80.
[4] Eckstein a. O. 22.
[5] Il. 13, 593 f., 758.
[6] Anth. Gr. II 171 ff. Siehe das Motto über diesem Kapitel.

Eine Statue des 'hölzernen Pferdes' von Strongylion erwähnt Pausanias[7] auf der Athener Akropolis. Dabei nennt er Menestheus und Teukros sowie die Söhne des Theseus. Eine weitere Statue des 'hölzernen Pferdes' in Delphi, ein Werk des Antiphanes von Argos, erwähnt Pausanias an anderer Stelle.[8] Wieder wird nicht klar, ob Odysseus dargestellt war.

Von einem gewissen Thrason[9] wird eine Penelope und Eurykleia erwähnt. Auch hier wird nichts von Odysseus gesagt.

Taf. 17, 18   Dieses etwas magere Bild, das die antike Literatur von den Odysseus-Skulpturen bietet, wird etwas bereichert durch die Skulpturen, die sich in römischen Kopien erhalten haben. Dabei sind vor allem die Skulpturen von Sperlonga zu nennen.[10] Unter ihnen begegnet die Blendung Polyphems, die Skylla-Episode, der Raub des Palladions.

Aus Ephesos[11] ist eine Gruppe der Weinreichung für Polyphem bekannt, ebenso aus Baiae. Eine vierte Gruppe von Odysseus-Statuen stammt aus dem Schiffsfund von Antikythera,[12] wo wieder der Palladionraub vorgenommen zu sein scheint. In der Villa Adriana haben Gruppen von Polyphem und Skylla gestanden.[13]

Abb. 53   Unter den Friesen behandelt allein der von Gölbaschi ein Odysseus-Thema, nämlich den Freiermord. Unter den Tempelskulpturen kommt Odysseus, zum Unterschied von Herakles, Theseus und anderen Helden, nicht vor.

[7] Paus. I 23, 8.
[8] Paus. X 9, 12.
[9] Strabon XIV 641 = Overbeck, SQ 1609.
[10] AntPl XIV (1974).
[11] Andreae, AntPl XIV 74. – Ders., Festschrift Brommer 1 ff.
[12] P. C. Bol, Die Skulpturen des Schiffsfundes von Antikythera. AM 2. Beiheft (1972) 78 ff., denkt 106 Anm. 236 auch an Polyphemgruppe.
[13] Andreae, Odysseus 221 ff.

NICHT DARGESTELLTE TATEN

Blickt man zurück auf die Darstellungen der Taten und Schicksale des Odysseus, dann ergibt sich, daß nicht alle in den erhaltenen Denkmälern vorkommen. Wir haben keine Darstellung von folgenden vortrojanischen Ereignissen: Dem Eberkampf in seiner Jugend, seinem Besuch in Ephyra sowie auf Delos [1] und Lesbos mit dem Sieg über Philomeleides im Faustkampf. Aus dem Kampf um Troja kennen wir nicht seine Tötung des Demokon, Koiranos, Chromios, Alastor, Halios, Alkandros, Prytanis, Noemon, Pidytes, Molion, Hippodamas, Hypeirochos, Deiopites, Thoon, Eunomos, Chersidamas, Charops, Sokos, also nicht weniger als achtzehn Kämpfe. Mit anderen Worten: Alles, was im 2.–6. und 8. Buch der ›Ilias‹ über ihn berichtet wird, fehlt in der Bildkunst. Ferner fehlen: Der Ringkampf bei den Leichenspielen des Patroklos, der Wettlauf und der Streit mit Achill.[2]

Von den Erlebnissen nach dem Ende Trojas auf der Heimfahrt kennen wir keine Darstellung von den Lotosessern, der Charybdis und den Plankten, dem zweiten Aufenthalt bei Kirke, dem Abenteuer mit den Rindern des Helios, der Rettung durch die Nymphe Ino Leukothea, dem im 18. Gesang der ›Odyssee‹ geschilderten Faustkampf mit Iros, dem Bogenschuß durch die Äxte, dem Zug des Eupeithes gegen Odysseus und sein Tod durch ihn.

Von den Geschehnissen aus den ›Kyprien‹ kennen wir nicht die Tötung des Palamedes durch Odysseus und Diomedes.

Von der ›Aithiopis‹ ist uns in Bildern unbekannt die Reinigung des Achill vom Mord durch Odysseus auf Lesbos.

Von der Tötung des Astyanax durch Odysseus, von der die ›Iliupersis‹ berichtet, kennen wir kein Bild.

Die ›Telegonie‹ berichtet von dem Aufenthalt des Odysseus bei den Thesprotiern, von der Heirat mit Kallidike und von dem Sohn des Odysseus und der Kirke, der seinen Vater tötete. Von keinem dieser Vorgänge kennen wir eine bildliche Darstellung.

Nur von den „tabulae Iliacae" sind bekannt: Die Heimführung der Chryseis, der Aufenthalt bei den Phäaken, der Streit mit Thersites. Überhaupt sind nicht wenige Taten nur durch ein einziges Bild belegt. Es ist gewiß nicht auszuschließen, daß es von den fehlenden Geschehnissen Bilder gegeben hat und daß solche noch auftauchen. Zahlreich sind sie aber sicher nicht gewesen.

[1] Od. 6, 102.
[2] Od. 8, 75–82. Schiller vermutete, daß diese Stelle auf ein verlorenes Gedicht schließen ließe und schrieb deswegen am 1. Mai 1798 an Goethe, der ihm am folgenden Tag antwortete.

DARSTELLUNGEN
VON NICHT ÜBERLIEFERTEN TATEN

Taf. 46   Auf einer chalkidischen Bauchamphora in Melbourne hat Diomedes den Charops niedergeschlagen, der nach der ›Ilias‹ aber von Odysseus getötet wurde. Im gleichen Bild ist der namentlich bezeichnete Odysseus dabei, einen Gegner zu töten, dessen Name mit Me . . . anfängt, vielleicht Melanippos. Obwohl die ›Ilias‹ nicht weniger als achtzehn Namen von Gegnern aufzählt, die Odysseus getötet hat, so findet sich dieser doch nicht darunter.

Auf dem Klitiaskrater ist Odysseus im Wagenrennen bei den Leichenspielen für Patroklos wiedergegeben. Homer berichtet nur von dem Ringkampf und dem Wettlauf, an dem Odysseus teilnahm.

Auf einer schwarzfigurigen Bauchamphora im Britischen Museum ist Odysseus entgegen dem Text Homers bei der Schleifung Hektors anwesend. Eine rotfigurige Schale in Paris stellt Odysseus im Wagen beim skäischen Tor dar, eine Szene, die literarisch nicht überliefert ist. Auf korinthischen Vasen[1] ist entgegen der erhaltenen literarischen Überlieferung zweimal Odysseus beim Selbstmord des Aias zugegen. Entweder handelt es sich bei diesen Bildern um Fehler der Vasenmaler, oder es liegen uns unbekannte literarische Versionen zugrunde.

Auf einer etruskischen Urne[2] ist, namentlich bezeichnet, der Kampf von Odysseus und Paris um die Leiche Achills dargestellt, von dem nichts überliefert wird.

Als Gemälde wird überliefert[3] die Betrauerung des toten Antilochos in Gegenwart des Odysseus. Dies ist bei Homer nicht ausdrücklich überliefert, paßt aber in seinen Rahmen.

Nach Pausanias[4] war in der Lesche der Knidier im Rahmen der Nekyia des Polygnot auch Leokritos getötet von Odysseus dargestellt. Wir kennen aus Homer zwar einen Leokritos, den Telemach verwundet hat, und einen, den Aeneas[5] verwundete, aber keinen, den Odysseus tötete. Doch Pausanias sagt selbst, daß Polygnot solche Namen erfunden habe.

In einem dritten Gemälde, von Parrhasios,[6] war die Heilung des Telephos in Gegenwart des Achill, Agamemnon und Odysseus dargestellt, ein Motiv, das vor Euripides nicht bezeugt ist.

---

[1] Vasen. Melanippos: VL³ 432 C 1. – Klitiaskrater: ABV 76,1. – Hektors Schleifung: ABV 330,2 u. – Skäisches Tor: VL³ 445 B 1 o. – Selbstmord des Aias: VL³ 417 C 1.2.
[2] NSc 1914, 234 fig. 3.
[3] Philostrat, Imag. II 7.
[4] Paus. X 27, 1. Zum Erfinden der Namen ebenda 25, 3; 26, 2.
[5] Od. 22, 294 und Il. 17, 344.
[6] Plin. n. h. 35, 71 = SQ 1707.

Von den Skulpturen wurde die Gruppe des Lykios, bei der Odysseus dem Helenos gegenübergestellt war, bereits erwähnt.[7]

In der gesamten griechischen, nicht nur der etruskischen Kunst begegnen also Darstellungen, die sich nicht an den Text Homers halten, sondern an spätere Quellen oder eigene Erfindung.

---

[7] Paus. V 22, 2.

AUFKOMMEN DER EINZELNEN SAGEN IN DER BILDKUNST

Die Geschichte jeder einzelnen der vielen von Homer geschilderten Taten, Erlebnisse und Leiden verläuft in der bildenden Kunst verschieden. Manche kamen schon im 8. Jh. vor, andere traten später auf, wieder andere wurden überhaupt nie dargestellt. Manche sind durch die ganze Antike hin im Bild wiedergegeben worden, andere waren nur einen kurzen Zeitraum beliebt, wieder andere wurden nach längerer zeitlicher Unterbrechung später wieder dargestellt.

Abb. 28   Dem 8. Jh. v. Chr. gehört die Scherbe an, die Odysseus mit dem Zauberkraut Moly in der Hand vor Kirke darstellt, eine Episode, die später nie wieder in der bildenden Kunst aufgegriffen wurde. In die gleiche Zeit gehört eine Gemme, in der vielleicht die Fußwaschung durch Eurykleia gemeint ist, die vom 5. Jh. bis in die Kaiserzeit mit Sicherheit belegt ist.

Taf. 8a   Um 700 v. Chr. ist eine Bronzefibel mit dem Trojanischen Pferd entstanden, das auch noch in der Kaiserzeit dargestellt wurde.

Taf. 19   Seit dem zweiten Viertel des 7. Jh. wird die Flucht aus der Höhle des Polyphem dargestellt. Auch sie bleibt bis in die späte Kaiserzeit bekannt.

Abb. 1   Um 620 v. Chr. ist ein Dreifußbein mit der Gesandtschaft nach Troja geschaffen worden, ein Thema, das um 560 v. Chr. noch einmal in der Vasenmalerei vorkam.

Taf. 13, 14a, 15   Auch die Blendung des Polyphem wurde schon im 7. Jh. v. Chr. und – mit einer Lücke in der Klassik – noch in der Kaiserzeit dargestellt.

Um 560 v. Chr. wurden die Leichenspiele für Patroklos in der Vasenmalerei gestaltet. Spätere Wiedergaben sind nicht bekannt.

Taf. 23   Die dritte Polyphemepisode, die Becherreichung, läßt sich nicht vor der Mitte des 6. Jh. v. Chr. nachweisen, von da an aber bis in die römische Kaiserzeit, allerdings mit einer Unterbrechung in der Klassik. In der gleichen Zeit kommen die

Taf. 39   Darstellungen mit Nausikaa auf, die sich bis in die Kaiserzeit hin beobachten lassen.

Im letzten Drittel des 6. Jh. ist die früheste bekannte Darstellung der Gesandtschaft zu Achill entstanden, die sich bis in das 4. Jh. verfolgen läßt. Im Hellenismus ist eine Lücke, aber aus der Kaiserzeit gibt es wieder Bilder.

Abb. 5   Die früheste Darstellung der Ergreifung des Dolon ist auf einer um 510 v. Chr. geschaffenen Vase erhalten. Die späteste stammt aus der Kaiserzeit.

Abb. 9, Taf. 4   Um 500 v. Chr. kam in der Vasenmalerei der Streit um die Waffen Achills auf, war in der archaischen Vasenmalerei beliebt, wurde im späten 5. Jh. v. Chr. in der großen Malerei behandelt und ist dann noch einmal im 6. Jh. n. Chr. belegt.

Taf. 6, 7   Um 490 v. Chr. sind die ersten Vasenbilder von Odysseus mit Neoptolemos und vom Raub des Palladion entstanden. Die erste Sage ist bildlich nur aus dem 5. und 4. Jh. bekannt, die zweite kommt bis in die Kaiserzeit hinein vor.

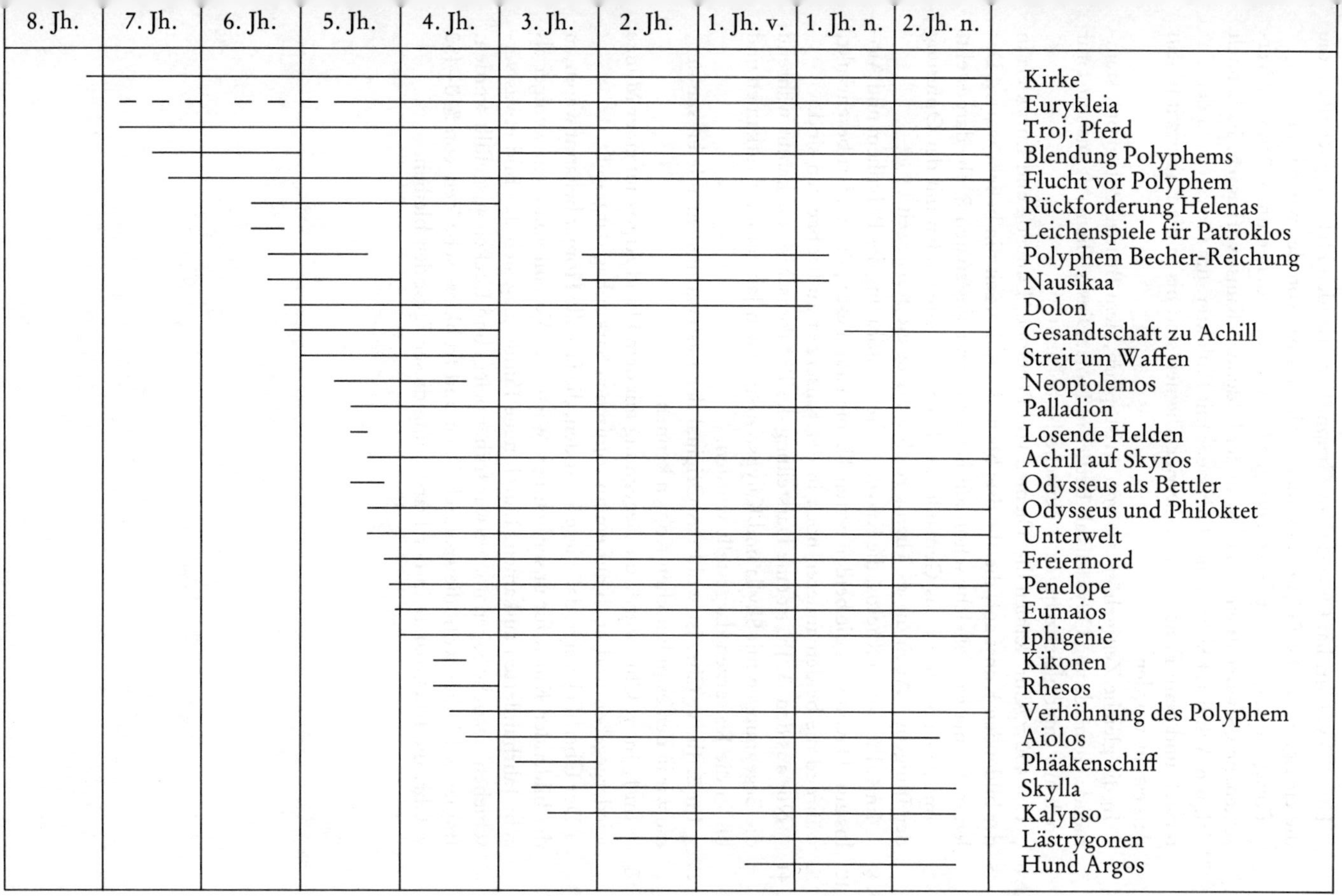

Abb. 55 Zeittabelle der bildenden Kunst.

Um 470 v. Chr. hat Onatas seine Gruppe der losenden Helden geschaffen, die die einzige bildliche Behandlung dieses Themas ist, von der wir wissen.

Polygnot ist der Schöpfer von einigen Gemälden, in denen um 460 v. Chr. verschiedene Odysseusthemen zuerst in der bildenden Kunst vorkamen. Es handelt sich um Achill auf Skyros, um Odysseus mit Philoktet, um Odysseus in der Unterwelt und beim Freiermord. Alle vier Themen sind bis in die Kaiserzeit hinein dargestellt worden.

In die gleiche Zeit gehört das von Aristophon, dem Bruder Polygnots, stammende Gemälde von Odysseus als Bettler in Troja. Dieses Thema ist uns sonst nur noch aus einer gleichzeitigen Vasenscherbe bekannt.

Taf. 42a, b   Um 450 v. Chr. kamen die Themen von Penelope, Eumaios und Eurykleia in
45 der bildenden Kunst auf, die alle drei bis in die Kaiserzeit hin beliebt waren. Das letzte Thema ist vielleicht schon auf einer Gemme des späten 8. Jh. dargestellt.

Im späten 5. Jh. ist das Gemälde des Timanthes entstanden mit der Opferung der Iphigenie. Auch dieses Thema reichte bis in die Kaiserzeit.

Abb. 8,   Im 4. Jh. kamen Rhesos, die Kikonen, die Verhöhnung des Polyphem und Aio-
Taf. 10, los auf. Davon sind die beiden ersten Themen auf dieses Jahrhundert beschränkt,
22b während die beiden anderen noch in der Kaiserzeit zu beobachten sind.

Abb. 41   Nur aus dem 3. Jh. ist eine Darstellung des Phäakenschiffes bekannt, während die Begegnungen mit Skylla und Kalypso im gleichen Jahrhundert aufkamen und bis in die Kaiserzeit dargestellt wurden.

Taf. 24, 25   Im 2. Jh. v. Chr. ist wohl das Original der Lästrygonengemälde entstanden, die wir in den esquilinischen Kopien kennen.

Taf. 37c   Im 1. Jh. v. Chr. wurde die Begegnung mit dem Hund Argos auf einer Münze wiedergegeben und noch auf einem römischen Sarkophag dargestellt.

Der Überblick zeigt, daß diese Episoden, die fast alle Homer bekannt waren, in der bildenden Kunst für unser heutiges Wissen im Verlauf von nicht weniger als acht Jahrhunderten aufkamen. Durch neue Funde mag sich das Bild etwas verschieben, manche Sagen noch etwas früher belegt und Lücken ausgefüllt werden. Immer wird aber wohl die spätarchaische und frühklassische Zeit von 510–450 v. Chr. die fruchtbarste in der Darstellung dieser Episoden bleiben.

ODYSSEUS UND DIOMEDES

Auffällig oft begegnet bei Homer die Verbindung von Odysseus mit Diomedes. Das ist nicht nur der Fall bei weniger wichtigen Ereignissen. So trieben beispielsweise die beiden Aias, Odysseus und Diomedes die Griechen in den Kampf (Il. 5). So erklärten sich zum Kampf mit Hektor bereit Agamemnon, die beiden Aias, Idomeneus, Merioneus, Eurypylos sowie Odysseus und Diomedes (Il. 7). Diomedes versuchte vergeblich, Odysseus auf der Flucht aufzuhalten (Il. 8). Die Griechen wären geflohen, wenn nicht Odysseus und Diomedes sie zum Halten gebracht hätten (Il. 11). Odysseus zog dem Diomedes den von Paris geschossenen Pfeil aus dem Fuß (Il. 11). Diomedes, Odysseus und Agamemnon ordneten die Truppen zum Kampf (Il. 14). Die verwundeten Diomedes, Odysseus und Agamemnon kamen zur Ratsversammlung (Il. 19). Beide saßen mit Menelaos und Antiklos im Trojanischen Pferd (Od. 4). Beide werden im Dual Diener des Ares genannt (Il. 19, 48).

Darüber hinaus werden sie beide bei Homer und späteren Dichtern zu gemeinsamen Taten verbunden, so beim Fangen des Dolon und dem Töten des Rhesos (Il. 10), beim Raub des Palladion, beim Holen des Achill von Skyros und des Philoktet von Lemnos und bei der Tötung des Palamedes (Kyprien, Paus. X 31, 2). Nach dem Scholion zu Euripides, Hekabe 41, angeblich aus den Kyprien, haben Odysseus und Diomedes gemeinsam bei der Einnahme von Troja Polyxena tödlich verwundet. Abb. 5–8, 11–16 Taf. 7

Es fällt auf, daß bei den nicht durch Homer überlieferten Unternehmungen der Anteil der beiden Helden jeweils umstritten ist. In der korinthischen Vasenmalerei gibt es zwei Gefäße, auf denen beide Helden beim Selbstmord des Aias zugegen sind, wovon wir aus der antiken Literatur nichts wissen.

ANTIKES NACHLEBEN DES ODYSSEUS

Um Christi Geburt berichtet Strabon,[1] daß man beim Kirkaion, dem heutigen Monte Circeo, westlich von Terracina, eine Schale zeigte, die dem Odysseus gehört haben soll. Nach Plinius[2] soll sich dort auch das Grab des Elpenor befunden haben.

Derselbe Strabon[3] meint, daß Odysseus durch seine Fahrten auch auf die Iberische Halbinsel gekommen sei und daß man dort eine Stadt Odysseia zeige;[4] er beruft sich bei dieser Nachricht auf Artemidor und Asklepiades, also auf zwei Autoren, die nur wenig älter sind als er. Diese Stadt hat in den Bergen nördlich der andalusischen Küste gelegen. Eine Stadt Oducia lag in der Nähe von Sevilla, wird also wohl nicht mit Odysseia identisch sein.

Schließlich wird auch Olisippo oder Klyssipona,[5] der antike Name von Lissabon, mit Odysseus in Verbindung gebracht.

Das Geschlecht der Mamilier stammte aus Tusculum. Als Gründer dieser Stadt galt Telegonos, der Sohn von Odysseus und Kirke. Auf ihn führte das Geschlecht seinen Stammbaum zurück. Ein L. Mamilius war Münzmeister im Jahr 172 v. Chr. Er prägte auf seinen Münzen Odysseus, wie er auf dem Bug seines Schiffes steht.[6] Der Münzmeister mag dabei an das Abenteuer mit der Skylla gedacht haben, aber diese ist nicht wiedergegeben.

Taf. 37c Ein späterer Angehöriger des Geschlechtes, C. Mamilius Limetanus, der um 82 v. Chr. Münzmeister war, prägte auf seinen Münzen Odysseus mit seinem Hund Argos.[7]

---

[1] Strabo 5, 232, 6.
[2] Plin. n. h. 15, 119.
[3] Strabo 3, 2, 13 = 149.
[4] Strabo 3, 3, 8 = 157.
[5] Vgl. Princeton Encyclopaedia of class. Sites s. v. Olisipo mit den antiken Stellenangaben; es wird aber nichts zu dem Namen gesagt.
[6] Babelon, Monn. de la republ. rom. II 170–172. Vgl. hier Abb. 43.
[7] Sydenham LXIV 119 Taf. 21, 741. Weiteres Nachleben: RE 17, ¹1994.

REGISTER

Helden

Achill 2–9. 11–14. 16. 17. 19–22. 26–28. 35–37. 39. 48. 80. 112–115. 117. 118. 120. 123
Aegisth 8. 16
Agamemnon 1–8. 11. 13. 19. 20. 22. 23. 25. 26. 29. 38. 41. 49. 56. 80. 113. 118. 123
Agrios 10
Aias 4–14. 26. 27. 29. 35. 37. 38. 48. 80. 112. 115. 118. 123
Aineas 6. 8. 115
Akamas 8. 41. 53. 116
Alastor 4. 117
Alexandros s. Paris 12
Alkandros 4. 117
Alkinoos 3. 76. 95. 97
Amphimedon 105
Amphinomos 104
Anchialos 69
Anchises 15
Antenor 3. 4. 24. 40. 44
Antiklos 51. 123
Antilochos 5. 7. 48. 69. 80. 113. 118
Antimachos 38
Antinoos 104
Antiphates 69
Antiphon 4
Antiphos 58
Arkasios 1
Astyanax 8. 9. 13. 117
Autolykos 1. 2. 13. 18
Automedon 48. 49
Charops 5. 117. 118
Chersidamas 5. 117
Chromios 4. 117
Chryses 3. 12
Damasippos 48. 49
Damastor 105
Deiopites 5. 117

Deiphobos 8. 34. 115
Demokoon 4. 117
Demophon 8. 41. 53. 116
Demoptolemos 105
Didytes 4
Diomedes 4–9. 12. 13. 16. 22. 27. 29–33. 38–46. 48–51. 110. 112. 115. 117. 118. 123
Dolon 5. 13. 15. 29–33. 110. 120. 121. 123
Elatos 105
Elpenor 70. 77. 80–82. 112. 123
Epeios 8. 51
Eumaios 99. 100. 102. 105–107. 121. 122
Eumelos 48
Eunomos 5. 117
Eupeithes 109. 117
Euryades 105
Euryalos 12
Eurybates 4. 26. 29
Eurydamas 105
Eurylochos 70. 72. 81. 82. 84. 92. 122
Eurymachos 104. 105
Eurypylos 4. 8. 11. 123
Eurysakes 12
Halios 4. 117
Halitherses 109
Hektor 4–7. 11. 13. 14. 25. 29. 115. 118. 123
Helenos 7. 9. 11. 39. 40. 115. 118
Helikaon 8
Herakles IX. 11. 16. 30. 39. 49. 80. 116
Hippodamas 5. 117
Hippothoon 48. 49
Hypeirochos 5. 117
Idomeneus 4. 6. 25. 66. 123
Ikarios 1
Iphitos 1. 3
Iros 117
Kalchas 4. 13. 22. 23. 49. 113

125

Koiranos 4. 117
Ktesippos 105
Kyknos 7
Laertes 1. 14. 80. 102. 108. 109
Laodamas 3
Laokoon 8. 12. 55
Latinos 10
Leiodes 102. 105. 106
Leiokritos 105
Leokritos 112. 118
Lipinos 76
Lykaon 7
Lykomedes 13. 19–22. 39. 112–114
Machaon 8. 49
Mantichos 76
Maron 12. 56
Medon 105. 106. 109
Melanippos 118
Melantheus s. Melanthios 105
Melanthios s. Melantheus 106
Memnon 7. 11. 12. 115
Menelaos 3–6. 8. 10. 11. 13. 15. 19. 23. 24. 48. 51. 113. 115. 123
Menestheus 53. 116
Menoitios 20
Mentor 2
Meriones 4. 5. 48. 123
Minos 80
Molion 5. 117
Nauplios 12
Nausinoos 10
Nausithoos 10. 95
Neoptolemos 3. 6. 8. 9. 11. 12. 14. 15. 20. 36. 38. 39. 49–51. 120. 121
Nestor 2. 4–6. 8. 20. 25. 26. 29
Noemon 4. 116
Odios 4. 26
Orestes 13. 16
Orion 80. 82
Palamedes 7. 9. 11–13. 15. 19. 113. 117. 123
Paris s. Alexandros 4. 5. 7. 8. 13. 49. 118. 119. 123

Patroklos 2. 3. 5–7. 20. 28. 48. 80. 117. 118. 120. 121
Peisandros 105
Peleus 7. 8. 12. 20
Perimedes 81. 82. 84. 112
Phemios 105. 106
Philippeus 76
Philoitios 102. 105. 106
Philoktet 3. 7. 8. 11–16. 39. 49–51. 112. 121. 122
Philomeleides 9. 117
Phoinix 4. 6. 8. 26–28. 39. 41
Pidytes 117
Podaleirios 49
Polites 70
Polybos 105
Polydamas 112
Polydoros 12
Polymestor 12. 13
Priamos 3. 4. 6. 8. 40. 112
Protesilaos 7. 13. 15
Prytanis 4. 116
Pylades 13
Pyleides 38
Rhesos 5. 12. 13. 29. 30. 33. 34. 111. 121. 123
Sinon 12. 55
Sisyphos 80. 82
Sokos 5. 115
Talthybios 23. 24
Tantalos 80
Teiresias 8. 9. 80–83. 92. 109. 111. 112
Telegonos 8. 10. 124
Telemach 1. 2. 8. 9. 13. 19. 80. 99–107. 118
Telephos 7. 13. 113. 118
Teukros 11. 12. 53. 116
Theophron 76
Thersites 4. 7. 14. 117
Theseus IX. 16. 116
Thestor 76
Thoas 34
Thoon 5. 117
Tityos 80. 82
Troilos 7. 12. 15

Frauen

Aithra 8. 48
Alkmene 80
Amphithea 1
Andromache 8. 12
Antikleia 1. 80–82. 112
Antiope 80
Antiphatta 100
Arete 95. 97
Ariadne 80. 82
Briseis 4. 7. 26
Chloris 80
Chryseis 3. 4. 7. 25. 115
Danaiden 82
Deidameia 7. 20. 39
Epikaste 80
Eriphyle 80. 81
Eurykleia 1. 99–105. 116. 120–122
Hekabe 12. 13. 34. 115
Helena 2–4. 7. 8. 10. 12–15. 24. 34. 35. 41. 42. 48. 104. 121

Iphigenie 7. 11–13. 22. 23. 113. 121. 122
Iphimedeia 80
Iphthime 1
Kallidike 8. 117
Kassandra 8. 13. 48. 55
Klymene 80
Klytämnestra 12. 23
Ktimene 1
Leda 80. 82
Maira 80
Megara 80
Nausikaa 12. 15. 16. 95–97. 112. 120. 121
Penelope 1. 2. 8. 9. 11. 15. 80. 99
Penthesilea 7
Phaidra 80. 82
Polyxena 8. 12. 16. 123
Prokris 80
Theano 24. 40. 43. 44
Tyro 80

Gottheiten

Aphrodite s. Kypris
Apollon 2–6
Ares 26. 123
Artemis 22. 23
Athena s. Pallas 2. 4. 5. 7–9. 30. 31. 33. 35. 38. 40–43. 50. 93. 95. 96. 99. 105. 106. 109
Demeter 44
Hades 12. 98
Helios 70. 80. 91. 117
Hemera 115
Hephaistos 5. 88
Hermes 6. 15. 30. 43. 70. 82. 93
Ino Leukothea 95. 96. 117
Iris 6

Kalypso 10. 92–94. 113. 121. 123
Kirke 8–11. 15. 16. 70–80. 83. 88. 92. 100–108. 112. 114. 116. 117. 120–122. 124
Kore 44
Kypris s. Aphrodite 83
Nike 43
Okeanos 70
Pallas s. Athena 51
Pan 43
Poseidon 6. 57. 58. 80. 98. 109
Themis 7
Thetis 4–7. 20. 115
Thoosa 57
Zeus 2. 4. 6. 7. 25. 93. 95. 109. 115

Sagenwesen

Aietes 70
Aiolos 68. 69. 121. 122
Ampelis 56

Atlas 92
Chthon 84
Credulitas 112

Dolus 112
Himeropa s. Sirenen 85. 88
Hippotes 68
Kratais 88. 91
Kyklopen 57. 58. 63. 95. 111. 113
Lästrygonen 68–70
Nereide 89
Opora 56
Perse 70

Phorkys 57. 87
Polyphem 15. 17. 57. 58. 60–69. 111. 114. 116. 120–122
Satyrn 113
Sirenen s. Himeropa 16. 68. 83–89. 92. 114
Skylla 17. 68. 83. 88–92. 98. 113. 116. 121. 122. 124
Tritonin 86

Orte

(außer Museumsorten)

Aiaia 70. 83
Argos 46
Aulis 2. 7. 12. 13. 23
Chryse 4
Delos 2. 117
Delphi 48
Ephyra 1. 117
Ilion s. Troja 7
Ismaros 56
Ithaka 2. 8. 35. 80. 98
Kephallenia 2
Kirkeion 124
Klyssipona 124
Kolophon 8
Korinth 114
Kythera 57
Lakedaimon 1
Lemnos 2. 7. 8. 11. 49. 112. 123
Lesbos 7. 9. 116. 117
Leuke 7

Lissabon 18
Maleia 57
Maroneia 8. 9
Oducia 124
Odysseia 124
Olisipone 18
Olisippo 124
Olympia 115
Perkote 4
Phthia 2. 20
Plataiai 112
Same 2
Sigeion 20
Skyros 7. 8. 12. 13. 16. 20. 35. 39. 121. 122. 123
Tauris 13
Telepylos 69
Tenedos 7. 8. 12. 49. 56
Troja s. Ilion 1–3. 6. 7. 10–13. 20. 24. 34. 35. 40. 49. 56. 112. 115. 117. 122
Zakynthos 2

Gegenden, Völker

Acheron 80–82
Ägypten 8
Bryger 8
Elis 8
Hyperia 95
Ida 8
Kimmerier 80
Messenien 1
Molosser 8

Ogygia 92
Parnass 1
Scheria 95. 98
Sizilien 12
Taphier 1
Teuthranien 7
Thesproten 8. 102. 117
Thrinakia 89. 91

ABBILDUNGSVERZEICHNIS

Die Seiten, auf denen sich die Abbildungen befinden, sind jeweils zuerst aufgeführt.
1 Olympia B 3600. Bronzerelief. Aus: Ol. Ber. VIII Taf. 8. Hier S. 25, 24, 111, 120
2 Berlin F 2326. Aryballos. Aus: AZ 1881 Taf. 8, 1. Hier S. 27
3 Paris, Louvre G 166. Skyphos. Aus: WV C Taf. VI. Hier S. 28, 27
4 London E 56. Schale. Aus: WV III C Taf. III, 3. Hier S. 28, 27
5 Oxford 226. Oinochoe. Aus: Friis Johansen, Iliaden Abb. 27. Hier S. 30, 120, 123
6 Leningrad St. 879. Schale. Aus: Reinach, Rép. vas. I 334. Hier S. 31, 30, 110, 123
7 Syrakus 36332. Glockenkrater. Aus: MonAnt 1922 Taf. 2. Hier S. 32, 123
8 Berlin Inv. 3157. Volutenkrater. Aus: WV C III 2. Hier S. 34, 33, 111, 122, 123
9 London E 59. Schale. Aus: WV VI Taf. 2. Hier S. 36, 37, 38, 120
10 London PC 75. Schale. Aus: Reinach, Rép. vas. II 266, 2. Hier S. 37, 38
11 Leningrad 649. Schale. Aus: WV I Taf. 8. Hier S. 42, 41, 123
12 Neapel H. 3235. Amphora. Aus: Inghirami, V. f. Taf. 333. Hier S. 43, 42, 110, 123
13 Neapel H. 3231. Pelike. aus: Reinach, Rép. vas. I 299. Hier S. 44, 43, 123
14 London F 366. Oinochoe. Aus: JdI 1, 1886, 296. Hier S. 45, 44, 123
15 Neapel H. 179. Guttus. Aus: 7. HWPr Taf. 3, 5. Hier S. 45, 44, 123
16 Berlin. Tonform. Aus: AZ 1846 Taf. 37. Hier S. 47, 48, 123
17 Cortona. Urne. Aus: Brunn, Rilievi Taf. 71. Hier S. 50
18 Paris, Cab. méd. 186. Aryballos. Aus: JdI 1892 Taf. 2. Hier S. 52
19 Berlin 3161 k. Becher. Aus: Weithmann, Book-ill. Hier S. 53, 54
20 Berlin. Sarkophag. Aus: ASR II Taf. 26, 65. Hier S. 54, 55
21 Florenz 5778. Urne. Aus: Brunn, Rilievi Taf. 76, 2. Hier S. 59, 61
22 Berlin. Lampe. Aus: ASR II. S. 160 Abb. Hier S. 59, 61
23 Neapel 148. Sarkophag. Aus: ASR II Taf. 53. Hier S. 60, 61
24 New York X 22. 20. Aryballos. Aus: Payne, NC Nr. 1200 fig. 159. Hier S. 62
25 Rom, Villa Giulia. Caer. Hydria. Aus: MonPiot 44, 1950 Taf. 3. Hier S. 63
26 Rom, Villa Giulia 27250. Schale. Aus: CVA It. 63. Hier S. 66, 65
27 Leiden. Urne. Aus: Brunn, Rilievi Taf. 87, 4. Hier S. 67, 68
28 Aus Ithaka. Fragment. Aus: RM 1953/4, 56 Abb. Hier S. 71, IX, 70, 120
29 Berlin F 1960. Lekythos. Aus: Walters ArtJ. 4, 1941, 121 Abb. 4. Hier S. 71, 72
30 Athen, NM. 1003. Lekythos. Aus: JHS 13, 1892/3 Taf. 3. Hier S. 73, 72
31 Berlin F 2342. Amphora. Aus: AZ 24, 1876 Taf. 14. Hier S. 73, 74
32 Bologna 298. Krater. Aus: Pellegrini, Cat. Taf. 80. Hier S. 74
33 New York 41. 83. Krater. Aus: Richter-Hall 242. Hier S. 74
34 London, Brit. Mus. Skyphos. Aus: Pfuhl, MuZ. Abb. 616. Hier S. 76, 75, 111
35 Parma. Stamnos. Aus: Roscher, ML II 1145 Abb. 2. Hier S. 76, 75
36 Volo. Becher. Aus: Ephem. 1910 Taf. 2. Hier S. 77, 76
37 Volterra. Urne. Aus: Brunn, Rilievi I Taf. 88, 2. Hier S. 78
38 Warschau. Tabula Odysseaca. Aus: Jahn, Bilderchroniken Taf. 4. Hier S. 79, 71, 78
39 Paris, Cab. med. 422. Krater. Aus: FR Taf. 10. Hier S. 81, 82, 111
40 Boston 01. 8100. Aryballos. Aus: Strena Helbigiana 31. Hier S. 84, 88

41 Tarquinia. Schale. Aus: Pagenstecher, Cal. Rel. Ker. Abb. 36. Hier S. 85, 16, 86, 89, 92, 98, 122
42 Rom, Vat. Sarkophag. Aus: ASR II Taf. 52, 143. Hier S. 87
43 Vienne. Medaillon. Aus: Säflund, Tib. Grottan Abb. 59. Hier S. 90
44 Athen, Agora. Statue. Aus: AM 14, 1889, 162. Hier S. 91, 69, 90
45 Volo. Becher. Aus: Ephem. 1910 Taf. 2, 7. Hier S. 93, 92
46 Volo. Becher. Aus: Robert, Arch. Hermeneutik Abb. 279. Hier S. 94, 108
47 Neapel. Sarkophag. Aus: ASR II Nr. 150. Hier S. 100, 99
48 Chiusi 1831. Skyphos. Aus: FR 142. Hier S. 101, 100
49 Florenz. Sarkophag. Aus: ASR II Taf. 51, 139 b. Hier S. 101, 102
50 Parma. Stamnos. Aus: Overbeck, Gallerie Taf. 32, 1. Hier S. 103
51 Berlin 3161 n. Becher. Aus: 50. BWPr. 8. Hier S. 106
52 Berlin 3161 r. Becher. Aus: 50. BWPr. 14. Hier S. 106
53 Wien. Fries. Aus: Benndorf-Niemann, Heroon. Hier S. 107, 116
54 Volterra 428. Urne. Aus: Brunn, Rilievi I Taf. 47, 5. Hier S. 107
55 Zeittabelle der bildenden Kunst. S. 121

TAFELVERZEICHNIS

1   Rom, Vat. Krater (Verf.). Hier S. 24.
2a Rom, Vat. Krater (Verf.). Hier S. 24.
 b Athen, Agora. Scherbe (Agora Excavations). Hier S. 34.
3a Malta, Rabat. Relief (Verf.). Hier S. 33.
 b San Simeon, Hearst Castle. Sarkophag (Verf.). Hier S. 86, 88
4   Wien. Schale (Museum). Hier S. 37, 38, 39, 120
5   Wien. Schale (Museum). Hier S. 39, 120
6   Wien. Schale (Museum). Hier S. 38. 39. 120
7   Stockholm, Medelhavsmuseet. Amphora (Museum). Hier S. 41. 43. 123
8a London, Brit. Mus. Fibel (Museum). Hier S. IX, 51, 120
 b Mykonos. Amphora (DAI Athen). Hier S. 52
9a Berlin, Scherbe (Museum). Hier S. 52
 b Würzburg. Scherbe (Museum). Hier S. 53
10 Lipari. Krater (Museum). Hier S. 56, 122
11a Rom, Vat. Statue (Verf.). Hier S. 61
 b Rom, Vat. Statue (Verf.). Hier S. 61
12 Piazza Armerina. Mosaik (Verf.). Hier S. 61, 114
13 Eleusis. Amphora (DAI Athen). Hier S. IX, 61, 120
14a Argos. Scherbe (Ecole française Athen). Hier S. IX, 61, 120
 b Berlin. Skyphos (Museum). Hier S. 63
15 Rom, Kons. Pal. Krater (DAI Rom 59.1762). Hier S. IX, 62, 120
16 London, Brit. Mus. Krater (Museum). Hier S. 63, 64, 111
17a Sperlonga. Statue (Verf.). Hier S. 17, 64, 116
 b Sperlonga. Statue (Verf.). Hier S. 17. 64. 116
18 Sperlonga. Statue (Verf.). Hier S. 17. 64. 116
19 Aegina. Kanne (DAI Athen). Hier S. IX, 65, 120
20a Basel, Cahn. Scherbe (Cahn). Hier S. 65, 66
 b Würzburg. Schale (Museum). Hier S. 65
21a London, Brit. Mus. Skyphos (Museum). Hier S. 111
 b London, Brit. Mus. Skyphos (Museum). Hier S. 111
22a Rom, Mus. naz. Tonform (Museum). Hier S. 68
 b Basel, Cahn. Scherbe (Cahn). Hier S. 34, 122
 c Mainz, Pb. Statuette (Verf.). Hier S. 61
23 Boston. Schale (Museum). Hier S. 58, 120
24a Rom, Vat. Gemälde (DAI Rom 61.300). Hier sind S. 16, 68, 69, 114, 122
 b Rom, Vat. Gemälde (DAI Rom 61.300). Hier S. 16, 69, 114, 122
25a Rom, Vat. Gemälde (DAI Rom 61.301). Hier S. 16, 69, 70, 114, 122
 b Rom, Vat. Gemälde (DAI Rom 61.301). Hier S. 16, 69, 70, 114, 122
26 Paris, Louvre. Altar (Museum). Hier S. 77, 80
27 Boston. Schale (Museum). Hier S. 71, 77, 79
28a Oxford. Skyphos (Museum). Hier S. 75, 111

    b Oxford. Skyphos (Museum). Hier S. 94
29 a Rom, Vat. Gemälde nach Woermann. Hier S. 16, 78
    b Rom, Vat. Gemälde nach Woermann. Hier S. 16, 78
30   Betzdorf, Pb. Becher (Arch. Inst. Mainz). Hier S. 76
31   Boston. Pelike (Museum). Hier S. 81
32   Athen, NM. Lekythos (DAI Athen). Hier S. 85
33 a Stockholm, Pb. Kanne (Museum Stockholm). Hier S. 84
    b Mainz, Pb. Kanne (Arch. Inst. Mainz, Pilko). Hier S. 84, 86
34   Mainz, Pb. Kanne (Arch. Inst. Mainz, Pilko). Hier S. 84, 86
35   London, Brit. Mus. Stamnos (Museum). Hier S. 85, 88
36   Berlin. Krater (Museum). Hier S. 86
37 a London, Brit. Mus. Gemme (Museum). Hier S. 88
    b Berlin. Gemme (Museum). Hier S. 88
    c Mainz, Pb. Münze (Arch. Inst. Mainz, Pilko). Hier S. 99, 122, 124
38 a Lissabon. Mosaik (DAI Madrid). Hier S. 87, 114
    b Lissabon. Mosaik (DAI Madrid). Hier S. 87, 114
39   Baltimore. Exaleiptron (Museum). Hier S. 95, 97, 120
40   München. Amphora (Museum). Hier S. 96
41   Boston. Pyxis (Museum). Hier S. 96
42 a New York. Relief (München, Arch. Sem. B 993). Hier S. 103. 122
    b New York. Relief (München, Arch. Sem. C 69). Hier S. 101, 110, 111, 122
43   Athen, NM. Relief (DAI Athen). Hier S. 101
44   Rom, Mus. Barracco Relief (DAI Rom). Hier S. 109
45 a Tübingen. Kanne (Museum). Hier S. 99, 122
    b Tübingen. Kanne (Museum). Hier S. 99, 122
46   Melbourne. Amphora (Museum). Hier S. 118
47   Brüssel, Mus. Mosaik (Museum). Hier S. 104, 114
48 a Berlin. Skyphos nach FR. Hier S. 105
    b Berlin. Skyhos nach FR. Hier S. 105

Die Fotos werden den Deutschen Archäologischen Instituten (DAI) in Athen, Madrid und Rom verdankt sowie den verschiedenen Museumsdirektionen. Insbesondere ist zu danken: J. Balty, G. Daltrop, H. Cahn, R. Noll, A. Pasquier, A. D. Trendall.

TAFELN

Taf. 1   Rom, Vat. Krater.

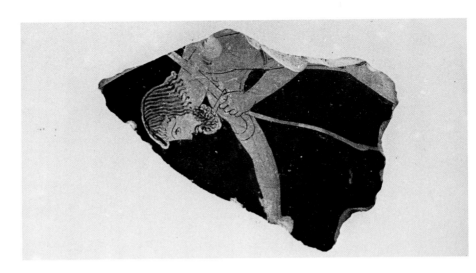

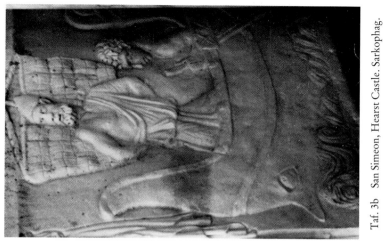

Taf. 3b San Simeon, Hearst Castle. Sarkophag.

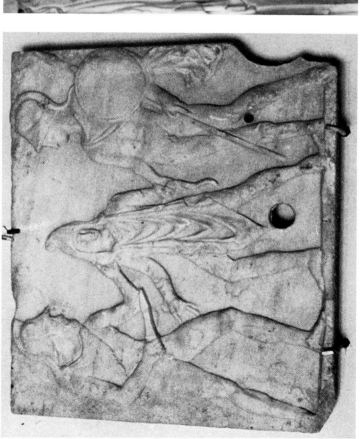

Taf. 3a Malta, Rabat. Relief.

Taf. 5 Wien. Schale.

Taf. 6 Wien. Schale.

Taf. 7 Stockholm, Medelhavsmuseet. Amphora.

Taf. 8a   London, Brit. Mus. Fibel.

Taf. 8b   Mykonos. Amphora.

Taf. 9a   Berlin. Scherbe.

Taf. 9b   Würzburg. Scherbe.

Taf. 10   Lipari. Krater.

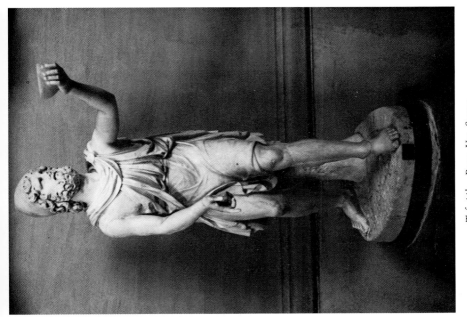

Taf. 11b   Rom, Vat. Statue.

Taf. 11a   Rom, Vat. Statue.

Taf. 12. Piazza Armerina-Mosaik

Taf. 13 Eleusis. Amphora.

Taf. 14a   Argos. Scherbe.

Taf. 14b   Berlin. Skyphos.

Taf. 15   Rom, Kons. Pal. Krater.

Taf. 16 London, Brit. Mus. Krater.

Taf. 17b Sperlonga. Statue.

Taf. 17a Sperlonga. Statue.

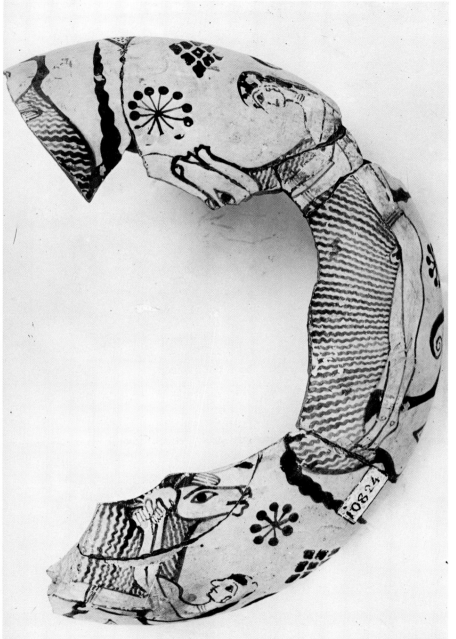

Taf. 19 Aegina. Kanne.

Taf. 20a   Basel, Cahn. Scherbe.

Taf. 20b   Würzburg. Schale.

Taf. 21a   London, Brit. Mus. Skyphos.

Taf. 21b   London, Brit. Mus. Skyphos.

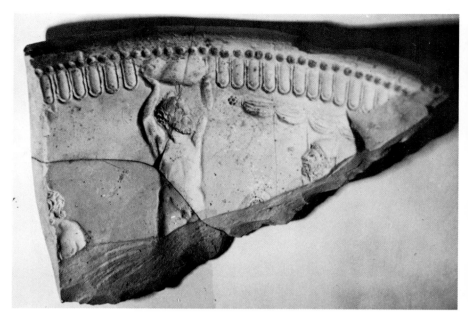

Taf. 22a   Rom, Mus. naz. Tonform.

Taf. 22b   Basel, Cahn. Scherbe.

Taf. 22c   Mainz, Pb. Statuette.

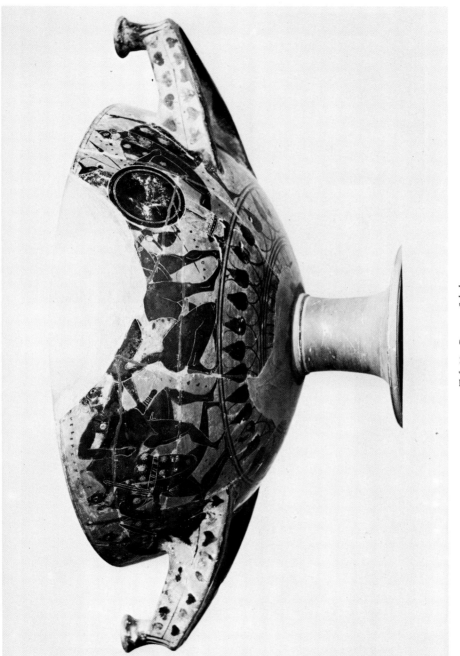

Taf. 23 Boston. Schale.

Taf. 24a   Rom, Vat. Gemälde.

Taf. 24b   Rom, Vat. Gemälde.

Taf. 25a   Rom, Vat. Gemälde.

Taf. 25b   Rom, Vat. Gemälde.

Taf. 26 Paris, Louvre. Altar.

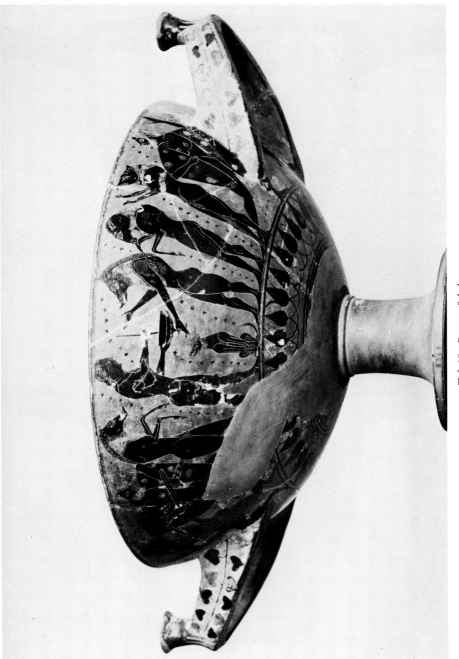

Taf. 27 Boston. Schale.

Taf. 28a Oxford. Skyphos.

Taf. 28b Oxford. Skyphos.

Taf. 29a   Rom, Vat. Gemälde.

Taf. 29b   Rom, Vat. Gemälde.

Taf. 30 Betzdorf, Pb. Becher.

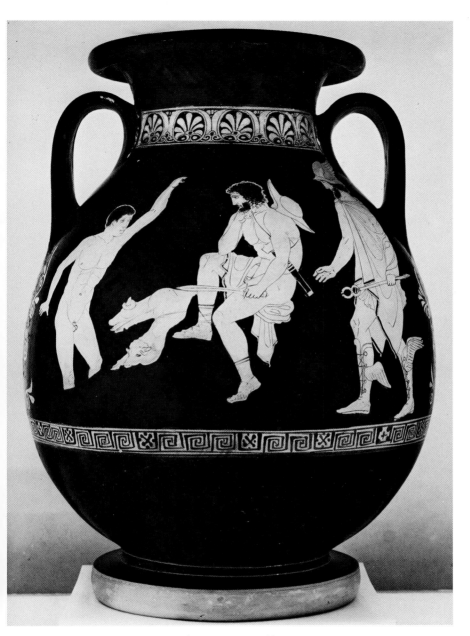

Taf. 31 Boston. Pelike.

Taf. 32 Athen, NM. Lekythos.

Taf. 33b Mainz, Pb. Kanne.

Taf. 33a Stockholm, Pb. Kanne.

Taf. 34   Mainz, Pb. Kanne.

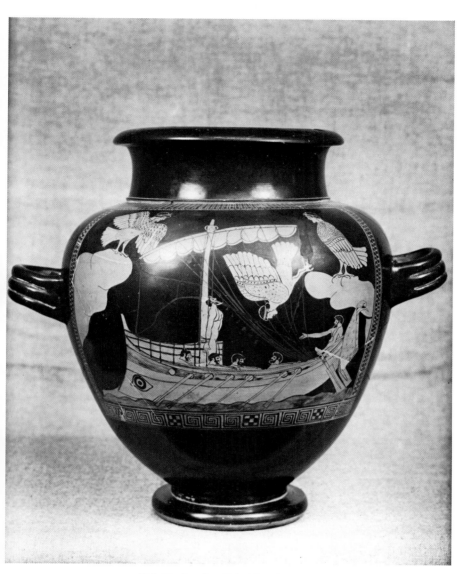

Taf. 35 London, Brit. Mus. Stamnos.

Taf. 36 Berlin. Krater.

Taf. 37a   London, Brit. Mus. Gemme.

Taf. 37b   Berlin. Gemme.

Taf. 37c   Mainz, Pb. Münze.

Taf. 38a   Lissabon. Mosaik.

Taf. 38b   Lissabon. Mosaik.

Taf. 39 Baltimore. Exaleiptron.

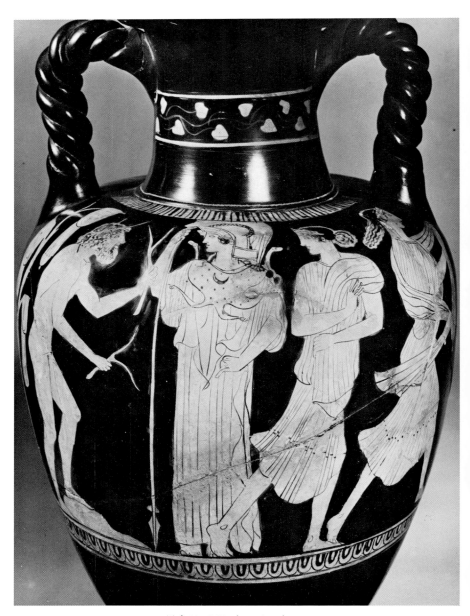

Taf. 40   München. Amphora.

Taf. 41   Boston. Pyxis.

Taf 42a   New York. Relief.

Taf. 42b   New York. Relief.

Taf. 43 Athen, NM. Relief.

Taf. 44   Rom, Mus. Barracco. Relief.

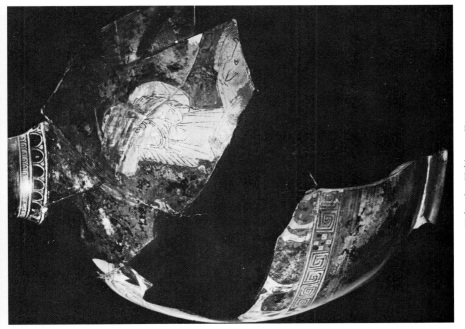

Taf. 45b Tübingen. Kanne.

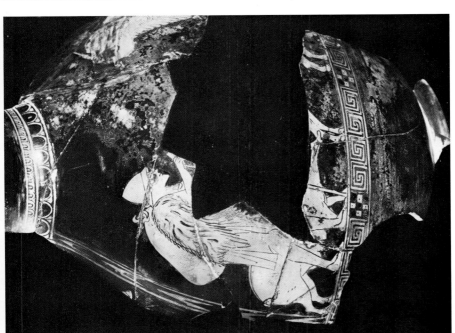

Taf. 45a Tübingen. Kanne.

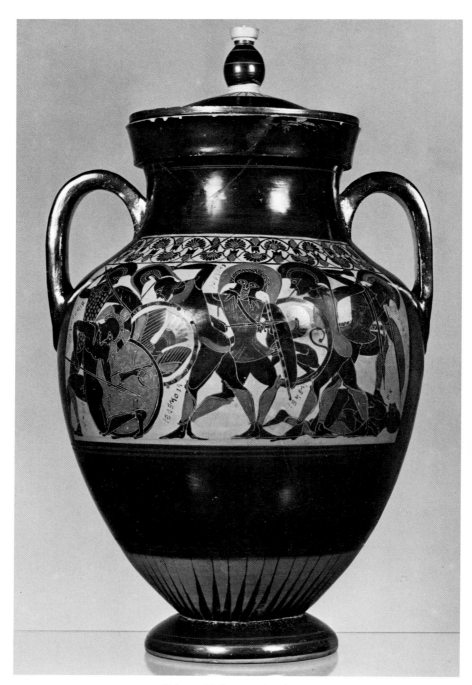

Taf. 46 Melbourne. Amphora.

Taf. 47 Brüssel, Mus. Mosaik.

Taf. 48a   Berlin. Skyphos.

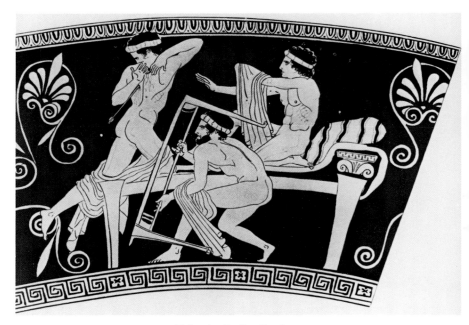

Taf. 48b   Berlin. Skyphos.